中邑真輔自伝

キング・オブ・ストロングスタイル

SHINSUKE NAKAMURA
KING OF STRONG STYLE
1980-2004

east press

プロレスとは〝戦いの芸術〟であり、
プロレスラーとは〝即興の芸術家〟である。

はじめに

「こんな育ち方をしたレスラーはいない」

自分のキャリアを振り返って思い浮かぶ言葉は、まずそれですかね。実際、昔から俺を見ている人から波瀾万丈だと言われることも少なくないですし、個人的に印象に残ってるトピックスも多々ありますから。たとえばデビュー戦の舞台や、初めてＩＷＧＰヘビーを巻いたとき。それに総合格闘技の舞台に出たことや、最近だと『Ｇ１ ＣＬＩＭＡＸ』や『ＮＥＷ ＪＡＰＡＮ ＣＵＰ』で優勝したこと。あとはＩＷＧＰインターコンチネンタルのベルトを磨きに磨いて、「ＩＷＧＰヘビーが上」という既成概念を崩したこともそうですね。新しい価値を創造したというか。

まあ、デビューの時期から生き急ぐじゃないですけど、つねに１００％以上のものを出すように死にもの狂いでやっていたら、知らず知らずのうちに一本の道になっていたのかな、と。カッコつけた言い方をすれば、歴史を切り裂いてきたというか。最年少でＩＷＧＰヘビーを獲って、そのまま総合のリングに乗り込んだりしていたわけですから。

これまで自分のやりたいようにやってきたとは思いますよ。できなくてもできると言い張って押し通したというか。もちろん、我を通すということは周囲からの批判をはじめ、なんらかのリスクがともなうので、平坦な道ではなかったですけどね。もともと、なんにでも首を突っ込みたがる性分なんですが、そこには猪木さんに「実際に自分の目で見て判断しろ」って言われた影響も、少なからずあったとは思います。

とにかく、デビュー当初からとがりにとがって、自ら敵を作ってそれをなぎ倒して、のし上がって来たのかな、と。で、必死に自分のパーツをかき集めるだけかき集めて。いまはそのパーツのなかから、もの凄く選別した状態ってことなのかもしれないですね。よく、俺の動きを称して〝クネクネ〟とか言われますけど、その言葉とは裏腹に、そこに軸はしっかりとあるわけで。プロレスで自分を表現するときに、己の身体的特徴をはじめ、スピードの緩急から指先の動きまで、そういうものを考え抜いてあのスタイルに到達したというか。

まあ、昔の中邑真輔しか知らない人がいまの姿を見たら、驚きは禁じ得ないでしょう（笑）。でも、やっぱり人間の考え方というのはどんどん更新されていくものですし、〝変化を恐れない〟というのが、結果的に自分の人生に彩りを与えることになるのかなって思います。

最近、「いまがプロレスをやっていて一番楽しいんじゃないですか？」みたいなことを言われたりもするんですけど、べつにいまにかぎらず、キャリアを振り返ればそのときそのときで満喫はしていましたよ。昔は切羽詰まっている場面も多々ありましたけど、それがすべてではないですから。まあ、昔は自分の考え方もガキだった部分はあったと思います。でも、そこで大人じゃなかったからこそ、いまの中邑真輔があるんだなとも思うし。今日の中邑真輔のプロレスが楽しそうに見えるというのなら、それはこれまでの道のりを糧にしているってことなのかな、と。

俺、プロレスの魅力って、ほかの競技に比べると感情の揺れ動きが顕著に見られることだと思うんですよ。よく、「自己表現」って言葉を使わせてもらってますけど。たとえば、最近の総合格闘技なんかだと技術の進歩が激しくて、観る側が攻防を理解するのにも多少の時間はかかると思うんですけど、プロレスの場合はその表現スタイルも多種多様じゃないですか？　小さな子どもからお年寄りまで、一目で引き込まれる幅広い魅力があるというか。かと言って、深読みもできるから、けっして浅くはない。レスラー一人一人に物語があり、かつ各々の思いや主張が試合にはこもっているわけですから。

だから、「プロレスとは何か？」ってなったときに、スポーツとかって言葉でくるよりは、〝戦いの芸術〟っていう言葉のほうが相応しいのかもしれない。そういう意味で、プロレスラーは〝即興の芸術家〟というか。一種の芸術行為として、自分の心、技、身体、いろんなものを使って自分を外に発散し、表現しながら戦う。それがプロレスの本質だと思います。

やっぱり、つねにリングの上にはテーマがあるわけですよ。それは自分で構築したテーマであったり、周囲から求められるテーマだったり。いかに自分を出しながらその課題をクリアしていくかっていう作業は、もの凄くおもしろいですね。しかも相手がいることなので、すべてが自分の思いどおりにはいかない。それが生々しいものとして、最終的にどう試合というかたちになるのか？　俺にとってはもの凄く楽しい作業ですね。

で、なんの話でしたっけ？（笑）。ああ、まあ、今回は自伝ということで、これまでもキャリアについて語る機会は何かとありましたけど、ここまで事細かく振り返ることはなかったですね。どういう変遷を経て、中邑真輔がいまの姿になったのか。それが昔の俺しか知らない人、逆にいまの俺しか知らない人にどう響くのか、そのあたりは楽しみですね。

中邑真輔

KING OF STRONG STYLE 1980-2004
CONTENTS

CONTENTS

KING OF STRONG STYLE

Chapter 1

幼少期～中学時代

1980.2-1995.4

1980 2004

俺はもの凄く泣き虫だったんです。
強い者への憧れというのは
そういうところから来てると思います。

プロレスに目覚めたきっかけ

――まずはプロレスとの出会いからお聞きしたいのですが？

これはいろんなところでも話してますけど、俺は野球が好きじゃなかったんですね。もともと親父が野球狂で、観ることを強制されたこともあって。

――有無を言わさずという感じだった、と。

そうですね。地元の京都に野村克也さんの出身校（峰山高校）があったので、周りにも野球狂が多いというか、野球狂じゃないヤツは非国民的な扱いをされるっていう。でも、当時の幼い自分には野球の楽しみがわからなくて、ある時期からナイター中継のときなんかはおばあちゃんの部屋に行って、そこでプロレスを観るようになったんです。金曜8時に放送してた頃だから、まだ3歳くらいだったのかな？　それが目に触れたプロレスの最初の記憶ですね。

――当時のプロレス中継で何か印象に残ってる場面はありますか？

なんか、ピンク色のジャンパーを来てるレスラーがいる、と。やっぱり子どもからすると「ピンクは女のもの」っていう意識があったんで、違和感を感じたんでしょうね。まあ、そのレスラーは藤波（辰爾）さんだったんですけど（笑）。

――若き日のドラゴンですね。それから徐々にプロレスに目覚めていった感じですか？

でも、１９９０年代初頭になると、『ワールドプロレスリング』は土曜の夕方の放送になっていて、毎回観ているわけじゃなかったんですよ。俺は当時、小学校高学年くらいだったんですけど、土曜の夕方なんて子どもは外で遊んでるものだし。で、たまたま早く帰ってきてテレビをつけたらプロレスをやっていて、周りにプロレス好きな友だちがいたこともあって、自然と一緒に観るようになったって感じですね。だから、あんまりガッツリというよりは、最初はおぼろげに観ていたというか。

――よく、中邑さんのもう少し前の世代になると、プロレス中継の翌日は教室で男子がプロレスの話で盛り上がってたなんて聞きますが？

いや、当時はそこまで火はついてなかったですね。でも、ちょうど小６くらいの時期にＰＣエンジンで『ファイヤープロレスリング』が発売されたんですよ。そこから自分も含め、周りもプロレスにガーっとハマっていって。それまでは俺、幼稚園から小６くらいは家に帰るとだいたい、広告の裏に絵ばっかり描いてましたからね。で、そのうち描く対象がガンダムみたいなロボット

中学の修学旅行で同級生にパワーボムを見舞い、プロレスごっこに興じる。

から、人間に変わってきたというか。

——それも『ファイプロ』が原因、と。

そうですね。まあ、ウチはゲームのハード自体を買ってもらったのは遅かったので、学校帰りに友だちの自宅に寄って『ファイプロ』をやるわけですよ。で、俺は中学に入った頃には率先してプロレス中継も観るようになってたんで、みんなに布教していったというか。

——仲間内でも中邑さんが一番、プロレス好きだったんですか？

たぶん、俺ですね。でも、みんなも『ファイプロ』を通して、いろいろとくわしいわけですよ。だから、遊びでジャレ合うなかで藤原喜明の独特なモーションの頭突きを出してみたり、あとは掃除の時間に友だちがラリアットしようと廊下を走ってきたら、ワキ固めで切り返したりとか、そういうことはやってましたね。体育の時間に体操マットでムーンサルトプレスをやったり、パワーボムをやってみたり。あとはみんなで集まって、昔のプロレスのビデオも観てましたし。

——どんどん、プロレスにのめり込んでいった、と。その当時はプロレス界も本格的な多団体時代に突入し、大きな盛り上がりを見せてましたよね。

そうそう。それこそ新日本がドームで派手な大会をやったり、全日本では〝四天王プロレス〟

が台頭してきたりして。新日でいえば、獣神サンダー・ライガーやワイルド・ペガサス、ディーン・マレンコに保永昇男とか、ジュニアも盛り上がってましたよね。あと、俺が凄く興味を持ったのが、ある少年雑誌に恐竜が題材のプロレス漫画（集英社「Vジャンプ」で連載されていた『闘龍王ザウラー』）があったんですけど、その欄外に「初代タイガーマスクの正体は佐山サトル」とか、プロレス豆知識が書いてあったんですね。

——そこで情報を仕入れていった、と？

はい、小学生ながらに「佐山って誰だ⁉」とか思って。なんか、マスクマンの素顔を知るということが、タブーを犯すような感覚というか。そこで「週刊プロレス」を買って佐山サトルを探すわけですけど、出てこないわけですよ。

——当時は佐山さんがプロレス界と距離を置いてる時期ですものね。

で、そのプロレス豆知識に今度は「二代目タイガーは三沢光晴」って書いてあって、「え、二代目って何？　どういうことだ？」って（笑）。そうやってちょっとずつプロレスに引き込まれていきましたね。自分のプロレスの知識を増やしていって、周りのヤツらもプロレスに引き込んでいって。自分がプロレス少年になっていく原風景ですよね。

俺はなんて女々しいんだ

——中邑さんが小さいときはどんなお子さんだったかお聞きしたいんですが、まず家族構成は？

父親と母親、二個上と四個上の姉が二人、あとはおばあちゃんがいて、ごくごくふつうの一般家庭だったと思います。父親の職業は銀行員で、とにかく野球が好きだったんで、休みの日は草野球をやったり審判やったりしてましたね。

——きっと、お父さんにしてみれば待望の男の子だったでしょうし、中邑さんと野球でコミュニケーションを取りたかったんじゃないですか？

とは思うんですけど、まあ、親父もなんだかんだで忙しかったんで。ウチ、そんな裕福ではなかったんですよ。子どもの頃は母親が内職をしてたのを覚えてますから。俺に手がかからなくなって、母親も外に出る仕事ができるようになってからは、ウチの経済状況も変わってきたんでしょうけど。なんか、母親の仕事に一緒についていった記憶とかありますよ。営業関係の仕事だったんですけど。

——お姉さんが二人となると、その影響もけっこう受けたんじゃないですか？

そうですね。観るテレビ番組にしろ、雑誌も「りぼん」や「なかよし」とか女の子寄りで。そういう部分ではほかの男の子とは多少は違ってたと思います。

——なんでも、中邑さんは小さい頃にいじめられても反撃ができなかったような子どもだったとか?

そうそう、もの凄く泣き虫だったんですよ。昔から身体は大きいんですけどね。よくパターンとしてあったのが、いじめられてる子を助けて、自分もいじめられるっていう。あとは身長が高いってことで、上級生から目をつけられることも多かったですよ。だから、そういうシチュエーションのときに手を出せないっていうことがトラウマというか、「俺はなんて女々しいヤツなんだ」とは思ってましたね。姉たちや親からも泣き虫ってことで、凄く叱られてましたし。

——いまの姿からすると意外な過去というか。

たぶん、強い者への憧れというのは、そういうところから来てるのかなって思います。さらにウチの家族親戚は女が多かったから、「男らしくなりたい」って部分に異常な憧れがあったというか。親父は仕事で家にいないし、いたらいたで野球を強制してくるし、酒を飲んだら怖いし。それで小学校低学年の頃に近所の柔道教室に通い始めるんですけど、これも結局は長くは続かなくて。ウサギ跳びとか、ダンベルを持たされて腹筋とか、しんどい基礎練習ばかりやらされそうになったんで行かなくなっちゃったんですよね。だから、自分的にも自分がイヤだったというか。

――運動神経自体はどうだったんですか？

そんないいほうではなかったですよ。ただ、高学年くらいからバスケットボールが流行りだしたんですけど、ちょっと背が高かったぶん、そこは有利だったというか。

――少し道が開けた、と。ちなみに勉強のほうはどうでしたか？

ああ、小学生の頃はほとんどしなかったですねえ。ウチの母親なんか、凄く心配してたらしいですよ。「この子、大丈夫なの？」って（笑）。そもそも、当時の俺が毎日のように絵を描くようになった理由も、親の心配がきっかけですからね。なんか、幼稚園の参観日に園児みんなでビニールにチューリップの絵を描いて、それを被って徒競走をするっていうのがあったんですけど、俺は何を思ったか、みんなが描いてるときに一人だけいきなり外に飛び出して、鉄棒で遊び始めたらしんですよ（笑）。それで凄く心配した母親に、ウチに帰ってから「ちょっと、チューリップを描いてみなさい」って言われて。で、描いたら「上手いじゃない」って褒められて、それがうれしくて気づけば毎日、絵を描くようになったんですよね。

――中邑さんはいまや展覧会に作品を出展するほど、美術方面の才能に長けているのは有名ですけど、それは家系的なものはあるんですか？

おばあちゃんが俺の親父は絵がうまいって言ってたし、実際にその絵を観たこともあったので、「ウチの家族は絵が上手いんだ」っていう感覚はありましたね。親戚のなかには美大に進んで、清水焼の絵付けをしている従兄弟もいますし。俺自身も絵を描くのも美術の授業も好きだったし。

――マンガやアニメの影響はあります？

あの頃は『SDガンダム』が流行ってたんで、よく自分の好きなキャラクターを描いたりしてましたよ。大きなキャノン砲をつけたりとか。まあ、とにかくよく絵を描いて時間を潰してましたね。

――将来的にそういう方面に進もうとは？

まあ、やっぱり「男らしくなりたい」っていう気持ちのほうが強かったんでしょうね。高学年になるとケンカっていうものに興味を持って、尾崎豊の歌じゃないですけど「自分はどのくらい強いのか？」とか。

――「卒業」の歌詞ですね（笑）。

そうそう（笑）。だから、必要以上に格闘技の本を読んだり、プロレス雑誌を見たり、夜中に突然、腕立て伏せを始めてみたりとかありましたね。

ジャッキーになりたかった

――そういえば中邑さんはジャッキー・チェンが大好きなんですよね？

そうですね。だから、強いものに憧れたら映画なんかを通してジャッキーを好きになり、あとはショー・コスギも好きになり（笑）。当時、テレビの「水曜ロードショー」とかで、そういう80年代のアクションをけっこう流してたんですよ。ショー・コスギの『ザ・ニンジャ』とか『復讐のニンジャ』とか。

――ブルース・リーはどうですか？

いや、ジャッキーやコスギは娯楽作としておもしろかったんですけど、ブルース・リーを楽しめたのは、ある程度大きくなってからでしたね。子どもからするとテーマが重かったりするので。で、だいたい小学校の高学年くらいからレンタルビデオが普及しだしてきて、好きな映画が観られるようになったんですね。あと、スポーツコーナーにはプロレスものもあったんで、親に頼んで借りたりして。『幻の田園コロシアム』とか『格闘技オリンピック』とか、「なんじゃこりゃ?」っていうタイトルがいっぱいありましたね。

——レンタルビデオでますますプロレスにもハマった、と。

中学のときに『猛虎伝説』っていうタイガーマスクのビデオが出て、「これだよ、これが佐山サトルだよ!」って興奮して、ガッツリ観たのを覚えてますね。そんな感じで中学はプロレスにドップリ浸かっていって。

——中学時に入っていた部活というと?

まあ、格闘技系とかではなく、バスケットボール部だったんですけどね。俺、『スラムダンク』世代ですから。当時、バスケというと「週刊少年マガジン」の『DEAR BOYS』派と、「週刊少年ジャンプ」の『スラムダンク』派があったんですけど、俺は『スラムダンク』のほうでしたね(笑)。あの頃はみんなバスケをやってましたよ、エアジョーダンとかバッシュも流行りだして。自分の通ってた学校が公立のなかではけっこう強いところだったんですよ。でも、府下大会になると、私立の学校には各地域から集められた上手いヤツらがいるんで、相当厳しいなとは感じましたけど。

――バスケットを本格的に続けてみようとは思わなかったんですか？

それはなかったですね。やっぱりチーム競技なんで、誰かのミスで負けてしまうとか、公立に比べると私立のほうが強いとか、そういう部分で難しさを感じて。しかも、俺が進学する高校は私立じゃなく公立だったし。あと、その頃にはもうプロレスラーになりたいなとも思ってたんですよ。だから、中学卒業間際の選択肢としては高校進学、あとはジャッキー・チェンになりたかったんで、中国に行ってしまえばいいんじゃないか、と（笑）。

――そのあたり、もう少しくわしく説明していただけますか？（笑）。

いや、冗談じゃなくてホントに（笑）。カンフー映画に出たいって思ったんですよ。これも根本は一緒ですよ。強くなりたい、男らしくなりたいっていう。あとは華やかな世界に憧れがあったんだと思いますね。ほら、中学卒業の頃になると、進路について三者面談とかあるじゃないですか？　遊びほうけて、部活ばっかりやってた人間には「え、もう？」って感じですよね。まあ、べつに俺は成績もそこそこだったんですけど。

――その頃には勉強のほうも優秀だったんですね。

中学2年の運動会での一コマ。当時の中邑が女子生徒にモテていたのをうかがわせる。

まあ、勉強できるとモテるんで。進学塾に通いだすと、学校の勉強を先取りしたりとか、自分がテストでいい点が獲れるとか、そういうのが楽しくなってたんですね。で、模試の結果とかが出ると、周りに対して「俺、遊んでるのに、おまえらより点数高いぜ」みたいな優越感にひたりたかったというか（笑）。

——段々、ひねくれてきたような（笑）。

いやいや、マジメな好青年でしたよ（笑）。まあ、ジャッキーに話を戻すと、ホントに好きだっただけなんですよ。もしかしたら、俺のプロレスの理想が、いろんな意味でジャッキーにあったのかもしれないですね。

——ジャッキーに憧れて中国に行こうと思ったということですけど、それ自体も相当ハードルが高いですよね？

たまたま、親の知り合いに貿易関係の仕事をしてる人がいて、その息子さんが中国の天津師範大学というところに留学してるって聞いたんですね。で、まずは向こうの学校に行ければってことで、学校の資料をもらったんですよ。でも、それを読んだ瞬間に「ああ、この学校、（ジャッキーが活躍する）香港にあるんじゃねえんだ。中国本土なんだ」って（笑）。あと、学食とか寮の写真がちょっとキツかったんですよ。雑伎団とか武道専門みたいな求道者的な校風じゃなく、ふつうの学校ではあるんですけど、「コレ、なんか違う」と思って。資料も漢字ばっかりで読めないし。

——ジャッキーへの道をあきらめた、と（笑）。

で、ショー・コスギになるにも、もう身長が高すぎるなって。中学のときには180ありましたから。あと、少年誌か何かに「忍者になるためには小さい頃から、成長の早いアシの葉っぱの上をジャンプで飛び越える鍛錬をしないといけない」って書いてあったんですよね。

——え、忍者も真剣に考えてたんですか？

めちゃくちゃ真剣ですよ（笑）。でも、アシの話を俺は真に受けたんで、「悔しいけど、俺は忍者にもなれない」と。そういう選択肢のなかで、現実的に残ったのがプロレスだったんですよね。

——中邑さんは中学の時点でプロレスラーになることを心に誓っていたわけですね。

もう、三者面談で先生に「プロレスラーになりたい」って言ってましたから。当時はウチでも母親に技をかけたり、自分で人形を作ってジャーマンで投げたりして（笑）。

——中邑さんがプロレスラーを目指すことに対してご家族の反応は？

母親は「べつにいいけど、高校くらいは行っておきなさい。ケガしたら終わりでしょう?」っていう、現実的な話をしてましたよ。「転ばぬ先の杖は何本あってもいいのよ」みたいなことも言われたし。で、結局は家から一番近い高校に進学するんですけど。

——当初、高校には行かずにプロレスラーを目指そう、と?

そうですね。ほら、船木(誠勝)選手が中卒で新日本に入団してたじゃないですか? だから「早くやらなきゃ」っていうのが頭にあって。

——ちなみにお父さんは?

オヤジは当時、ちょっと体調を崩してたこともあったので、どう思ってたかはわからないですね。本当は野球をしてほしかったんだろうなとは思いますけど。

——そして中邑さんは京都府立峰山高等学校に進学してアマレス部に入るわけですが、じつは中学のときに空手も習っていたとか?

はい。バスケと並行して週に一回、道場に通ってましたよ。これは学校でちょっとつかみ合いのケンカになったときに、バンって押されただけで俺、倒れちゃったことがあったんですよ。自分としてはバスケもやってるし、身長も高いし、腕っ節もある程度の自信があるつもりだったのに、「アレ、俺ってこんな弱いのかな?」って思って、それが凄いショックで。で、そのケンカした相手が空手をやってたんで、「俺も行きたいな」と思ったのがきっかけですね。剛柔流空手っていう伝統的な流派だったんですけど、型だけじゃなく、フルフェイスをつけて組み手もやったりしましたし。でも、大会に出るとかではなくて、ひたすら正拳とか前蹴りとか、抜き手とかそういう練習をこなして。レスリングをやってるときも、たまに道場には顔を出してましたよ。まあ、本格的じゃないですけど、柔道をやったり空手をやったり……やっぱり、強さへの憧れは強かったんでしょうね。

Chapter 2

高校時代

1995.4-1998.3

レスリングの全国大会で
柴田勝頼と当たったんですよ。
「ちょっと顔のカッコいいやつと
試合したな」っていうのを覚えてます。

バスケユニフォームから吊りパンへ

――高校でアマレスを始めたのも、もちろん強さに憧れて？

それもありつつ、中学の頃から仲のいい連中に「部活どうすんの？」って聞いたら、既にレスリング部の監督に勧誘されてたヤツがいたんですよ。中学のときに陸上部で砲丸投げをやってたのとか、柔道をやってたのとかがツバをつけられてて。で、そいつが「入学式の日からレスリングの練習が始まるんだ」って言うんで、「じゃあ、俺も行く」ってついていくかたちでそのまま入部して、俺もその日からレスリングを始めたんですけど。

――初めて体感したレスリングはいかがでしたか？

まあ、俺はプロレス少年だったんで、先輩の動きを見ながら「あ、俺、勝てる」とか思ったんですよね。ふつうに「俺だったらここでダブルアームスープレックスで投げるのに」とか「ブレーンバスター仕掛けるのに」とか思って（笑）。でも、実際に練習に参加したら、もうボコボコのケチョンケチョンですよね。息は上がるし、やりたいことは何一つできなくて、打ちのめされるというか。「こんなにも自分は力が弱くて、身体をコントロールできないのか？」ってなりましたね。でも、それが逆にうれしかったところでもあるんですけど。

——充実感もあったわけですね。でも、中邑さんは身体も大きいですし、有望新人と思われてたんじゃないですか？

いやいや、まったく思われてないですよ。レスリングは練習がきついので、すぐ辞めるヤツも少なくないんですよ。俺もそのうちの一人だと思われてたんじゃないですかね。

——もともと格闘系の部活出身じゃないですし、「バスケをやってるヤツがなんで？」とは思われてたかもしれないですね。

それはあると思いますよ。逆にバスケをやってる連中には「なんでアマレス？」って言われてましたけど。バスケのユニフォームから吊りパンですから（笑）。

——もちろん、アマレスはプロレスラーを目指すうえでの武器にしようという部分も？

まあ、だいたいプロレスラーはみんな、国体とかインターハイ出場とか、そういう経歴を持ってると思ってたので、自分も実績を残したいな、と。俺は中学のバスケ部時代に全国大会を経験できなかったので、とくにそう意識してましたね。

——実際、練習はきつかったですか？

そりゃもう、厳しかったですよ。俺は筋量も持久力も身体のバランスも、何もかも足りない初心者だったし。最初の頃はレスリングシューズも高くて買えなかったので、体育館シューズ履いてやってましたね。あと、自分は最初、右足を前にした構えでやってたんですけど、どうもタックルがうまくいかなかったんですよ。それであるとき、「スケボーだとグーフィー（左足を前にして滑ること）だから、左足を前にしてやってみよう」ということで変えてみたら、シックリいくようになって。でも、レスリング出身の選手が打撃をする場合、右足を前にしたサウスポーが多いんですよね。そうするともともとは右利きなわけだから、サウスポーのレスラーのジャブはストレート並に強いっていう。

——中邑さんはそのまま左足を前にしたスタイルだったんですか？

いや、最初はスイッチスタンスがかっこいいと思って、両方でやってたんですよ。でも、最終的には左足を前にした構えになりましたね。

——ちなみにレスリング部でシゴキのようなものはありましたか？

あったとは思いますけど、とくには覚えてないですね。とりあえず、先生が恐かったっていうことはよく覚えてますけど。まあ、レスリング部ではやっぱり、まずは先輩を倒すというところからでしたよ。その当時の自分に比べれば先輩たちは凄い筋肉をしてたので、「このまま続ければ、俺もいい身体になるんじゃねえか？」っていうのはありましたね。

――バスケ出身だと、そこまで筋肉がついてるわけじゃないですよね。

そうですね、持久力とか瞬発力的なものはあったと思うんですけど。ただ、バスケをやっていたことで、レスリング的な低い構えっていうものにはすぐに慣れたし、フェイントに使うクイックターン的な動きや、腰の強さはほかの人よりはあったと思いますね。

――バスケもアマレスをやるうえで役に立った、と。部活では遠征や合宿なんかも？

うん、合宿は相当厳しかったですよ。とくに俺が高三のときにインターハイが京都で行なわれたこともあって、レスリングの人間はインターハイの強化選手という位置づけで、毎週末はほぼ合宿だったし。でも、京都府内で合宿をするとほかの学校のヤツらと一緒になることもあって、予選前に手の内が知られちゃうってことで、福井や兵庫に行ったり、ゴールデンウィークは四国まで遠征したり。たまには関東まで足を伸ばして、日体大の合宿に参加したこともありますし。

――アマレスを続けるなかで、やはり自分が強くなっている手応えはありました？

それはありましたよ。腕は太くなってくるし、目に見えて身体も大きくなって。

――高校時の戦績は？

高一のときは初心者だったんで、何も残せてないんですよ。2年のときに県下2位までが出場できるグレコローマンの選手権があって、それが自分にとって初の全国大会でしたね。それから3年生が引退したあとの大会で、全国のベスト8になって。そのあとは全国大会に出場すると、だいたい表彰台には乗ってたと思います。だから、ある程度は名前も知られるようになっていったと思いますよ。ヘンな名字だったし、背の高いレスラーも少なかったし。あとはちょっとチャラかったし（笑）。

――え、チャラかったんですか？

いやまあ、ふつうなんですけど、ほかの私立なんかは全員坊主とか、先生にドヤされて殺されそうな顔してるわけですよ。そういうところに比べるとウチはゆるかったんで。もちろん、練習自体は厳しかったですけど、ウチの先生がそういうバリバリの体育会みたいなカラーが嫌いだったっていうのもあって、雰囲気自体は悪くなかったと思います。

――では、練習はキツいけれど、精神をすり減らすような感じではない、と？

そうですね。まあ、自分はある程度の結果も出してたんで。

後藤&柴田と運命の遭遇

――そういえば、これは後藤洋央紀さんに聞いたんですけど、高校のアマレス時代の新潟の大会で、中邑さんと柴田勝頼さんが対戦したとか?

ありましたね。高3の夏のインターハイが終わったあと、そのときの地区予選で2位までが出られる全国大会で当たったんですよ。それはグレコの選手権だったんですけど、そもそも俺はグレコの選手じゃなかったんで、チームメイトのそれ専門のヤツが「まあ、結果を残してくれるだろう」と思って、なかば観光気分で参加したんですけど(笑)。

――そんな心持ちで(笑)。

それでたしか、俺が1回戦でいきなり、前大会で準優勝したヤツと当たったんですよ。で、「あ、俺、終わったかな」と思ったんですけど、思いのほか勝っちゃって、そのままトントンと勝ち進んでいったら、柴田勝頼と当たった、と。

――そのときの柴田さんのことは覚えてますか?

うん、「ちょっと顔のカッコいいやつと試合したな」っていうのを覚えてますね。

——これも後藤さんに聞いたんですが、なんでも中邑さんはその大会で「破壊王」と大きく書かれたTシャツを着てたとか？（笑）。

はいはい。それ、ファン時代に福知山大会のサイン会で橋本（真也）さんにサインを入れてもらって、洗濯したら一気にそのサインが消えたTシャツですよ（笑）。

——そのTシャツを見て、プロレスファンの後藤＆柴田コンビは「アイツには負けられねえ！」みたいなテンションになったみたいですよ。

フフフ。いやでも、アマレスやってるヤツはプロレス好きが多かったですよ。合宿とかで知り合う全国レベルのヤツでも、ｎＷｏのTシャツとか着てたりして、「おまえも観てるの？」みたいなね。まあ、プロレスを知ってることが珍しい世界じゃないし。

——このときの柴田さんとの試合は、中邑さんが勝利されたそうですが、後藤さんによれば柴田さんは前日に食中毒になってたらしく、「腹がおかしくなかったら絶対に勝ってた！」と言ってたそうで。

まあ、「そういうのも含めての勝負だろ？」ってところですね。それに俺なんか、観光気分でやってきてるんだから（笑）。

——ちなみに当時、後藤さんのことはご存じだったんですか？

後藤を知ったのは、そのあとの国体の京都合宿ですね。俺が髪の毛を染めて、不埒な言動をしてた頃です（笑）。先生にも怒られましたからね、練習に身が入ってないって。でも、当時、俺はフリースタイルの選手だったんですけど、国体ではグレコのチームにさせられてたんですよ。それが「納得いかねえ！」と思って練習をサボったりしてたら、先生に凄くシメられたこともあったし。

――そんな時期に後藤さんと知り合った、と。

そうですね。当時、京都の選抜チームは南京都高校っていう、〝ｂｒｏｔｈｅｒ〟ＹＡＳＳＨＩ（闘龍門出身のプロレスラー）の母校で合宿してたんですよ。俺も週末になると電車で2時間くらいかけて行ってた学校なんですけど、そのときに後藤も三重県選抜チームとして参加してて。

――そのときに後藤さんと話はしたんですか？

しゃべりましたよ。アイツ、たぶんライオンマークのＴシャツを着てたからプロレスの話とか。というか、ＹＡＳＳＨＩが俺と後藤より一学年下だったんですけど、よくプロレスの話を振ってきてたんですよ。

高校のレスリング部のインターハイ予選。写真の左端で見切れているのがYASSHI。

――その頃からYASSHIさんはおしゃべりキャラだったんですね。仲はよかったんですか?

よかったですよ。なんか、YASSHIはヘンな足つぼとか知ってて(笑)。で、南京都高校にボクシングのリングがあったんで、そこでよくプロレスごっことかしたり。

――中邑さんから見て、当時の後藤さんはどんなかたでした?

凄く無口なヤツでしたよ。当時、レスリングって、国体だけは階級が増えるんで、普段は全国大会で顔を出してなかった選手も出場してくるんですよ。たぶん、後藤のことはそこで初めて見たんだと思います。三重県には後藤と違う高校に強いヤツがいて、俺、その選手とよく試合をしてたんですよ。だから、後藤は当時、高校のアマレス界では顔は知られてはなかった。

――中邑さんと比べて、ということですね。では、当時から後藤さんとは顔見知りではあった、と。

そうですね。まあ、俺が話しかけてもあまり返してくれなかったですけどね。

――「アイツはいつか倒さないといけない」と思ってたのかもしれないですね。

破壊王Tシャツのヤツをね(笑)。

――同世代ではプロレスリング・ノアの丸藤正道さんもアマレスをやってましたけど、何か接点は?

とくに顔見知りとかではなかったですよ。プロレスラーになってから、彼がレスリングをやってたのを知ったくらいで。まあ、プロレスでもそうなんでしょうけど、階級が違うとそうそう意識はしないものだし。

初観戦は新日本プロレス

――中邑さんは高校時代、アマレス一色の生活だったんですか？

はい。でも、ちゃんと授業は出てましたよ。成績はまあまあ、いいほうだったと思うし。それにそこそこプライベートの時間もあったし、なんだかんだでメリハリつけて充実してたような気はしますね。

――ちなみに中邑さんがプロレスを会場で初観戦したのはいつ頃ですか？

たしか高校に入る前、中三のときに行った新日本の豊岡市民体育館（兵庫県）の大会じゃないですかね。94年とかかな。

――その頃から全日本プロレスなど他団体よりも、新日本一筋で？

まあ、そうですね。なんか、全日本がムーディーな雰囲気なのに比べると、新日本のほうが明るくて華やかで、スタイリッシュっていうか。当時の全日本は暗いイメージがありましたね。そもそも、照明も暗く感じたし。あとは〝日テレ気質〟というか、福澤朗（当時の全日本プロレス中継の実況担当）の笑いみたいな、ちょっとシュールな感じがあんまり。

――お気に召さなかった、と。ちなみに初観戦時に印象に残ってるのは？

……エル・サムライ。あとは反選手会同盟。

――まず、その二つが出てくるのがマニアックな中邑さんらしいというか（笑）。

その初めて観にいったときに、母親とトイレを探してたら道に迷っちゃって、意図せずに選手の控え室に入っちゃったんですよ。そうしたら、それが反選手会同盟の部屋だったみたいで、木村（健悟）さんが「こっちは違いますから」って優しく誘導してくれて。でも、帰りの途中で小原（道由）さんに見つかって、かなりドヤされたっていう（笑）。母親と走って逃げた記憶がありますね。

――初観戦でそんな経験を（笑）。その当時は闘魂三銃士が台頭してきた頃ですよね。

武藤さんはまだオレンジのパンツを履いて、側転エルボーをやってましたね。あとはまだ馳健（馳浩&佐々木健介）もいたし。

新日本の福知山大会を観戦に行った際、巡業用の選手バスの前で記念撮影。

――初観戦時に「将来、ここでレスラーになるんだ!」みたいなものはありました?

いや、当時からなりたいとは思ってましたけど、そこまでは。自分の中でまだ、大人の世界というか。

――実感はわかなかった、と。中邑さんのお住まいは京都だったわけですけど、観戦のために大阪のビッグマッチに足を伸ばしたりは?

いやもう、遠くて行けないですよ。だいたい、その日のうちに帰れないし、遠出するにも俺は小遣いをもらってなかったんで。まあ、学校に隠れてバイトはしてましたけどね。だから、地元で生で観たのは豊岡、あとは福知山(京都)の2回くらいですね。高校時代は部活が夜までだったんで、行けなかったし。

――そのくらい部活が忙しいとなると、食事の量も相当多かったんじゃないですか?

ホント、高校時代は身体を大きくしたいから、とにかく食いまくってましたよ。朝ご飯を食べてから朝練に出て、授業と授業のあいだの休み時間に早弁して、昼は昼でちゃんと学食に行って。で、授業が終わったらまた学食に行って、そこから練習して。で、帰宅途中に駄菓子屋とか天ぷら屋とかで食って、最後に家に帰って夜飯を食う、と。

――1日6食ですか！

弁当も二つ持っていってましたからね。早弁用と昼飯用で。

――後藤さんも桑名工業高校時代は、部室に炊飯器持ち込んでたそうで。

ああ、それは工業高校ならではというか（笑）。

――高校時は観戦になかなか行けなかったそうですが、プロレス専門誌は読んでましたか？

読んでましたよ。でも、中学の頃に読み漁ってたのに比べたら、高校のときは忙しすぎたので、格闘技雑誌も含めてそこまでは追えてないと思いますね。だからｎＷｏの全盛期とかも、その流れはわかるけどどっていう感じで。

武藤ならヒクソンに勝てる

――中邑さんの高校時代に新日本で起こった大きな出来事といえば、ＵＷＦインターナショナルとの対抗戦があります。このあとにＰＲＩＤＥも誕生するなど、徐々に総合格闘技の人気が高くなり始めますが、そっちのほうに興味はわきませんでしたか？

いや、だってあのときは武藤敬司が高田延彦に勝っちゃったから。

——ああ、新日本プロレスのほうが強い、と?

そうそう。だから、ヒクソン・グレイシーVS高田延彦が終わったときは、「はい、武藤、次!」って思ってましたよ。「ヒクソンなんかおまえにしてみれば小人だ!」ってね(笑)。

——そのくらい、あの対抗戦はインパクトがあった、と。

そうですね。「長州力、強いな」とか。長州さんが安生(洋二)選手に「俺のバックを取ったらおまえの勝ちでいいよ」とか言ってるのを聞いたら、「キャー! レスリング!」みたいな感じでしたよね(笑)。いまでこそ、アマレスもそこそこ注目されたりもしますけど、当時はまだ「ヘンなコスチュームで戦うヤツでしょ?」くらいに思われてたんで。

——溜飲が下がる思いだったわけですね。中邑さんはいわゆるU系もお好きではあったんですか?

まあ、U系の話をすると、あれは田舎の人間にしてみれば敷居の高いプロレスなんですよね。要は基本的に興行も都内中心だから、レンタルビデオで観るしかないわけで。でも、かぎられたお金のなかでとなれば、そこまでは追えなかったというか。高田延彦VS北尾光司戦なんかはTBSで流れたんで観ましたけど。

——でも、WOWOWには入ってたとか？

そうですね。リングスとJWPが観たかったから、親に頼んで。リングスを観ながら、アマレスで使える技術とか探してましたよ。あと、WOWOWの冊子のインタビューでダイナマイト関西（JWP）が「リングスは勉強になります」って書いてあったのを見て、「はいはい、ダイナマイト関西ね、お好み焼き屋の娘な！」とか思ったり（笑）。

——やっぱり、くわしいですね（笑）。しかし、ホントに中邑さんはプロレスに関して分け隔てがないというか。

プロレスだけじゃなく、格闘技も好きだったしね。K—1も創成期から見てましたよ。あの頃は夜中にやってたんですけど、武蔵選手がデビュー戦でパトリック・スミスとやってるのを観て、「すげー、ハイが右左、両方使える！」って思ったし。

——格闘技の視点もマニアックというか、競技者寄りなんですね。

あと、当時だと初期のUFCなんかも興味深かったし。あの頃は広い意味で、マット界がグチャグチャしていておもしろかったですよね。

——より一層、マット界に引き込まれていた、と。

そういえば、高校のときの修学旅行先が東京だったんですけど、新宿にあった『アイドール』（プロレスショップ。現在は閉店）にも行ったのを覚えてますね。たしか、そこで『プロレスラーになる方法』っていう本を買ったんですよ。新日本のレスラーのエピソードもいろいろ載っていて。

――ホント、新日本が好きなんですね。

まあ、全日本もビデオに撮ってましたけどね。結局、どこかにジャッキー・チェンになりたい的なものがあったので、派手な新日のほうが好きだったんでしょう。

――そういえば新日本が香港で大会を開いたときに、ジャッキーが観戦に来てましたよね（92年8月19日）。

ああ、ありましたね。ネコさん（故ブラック・キャット）が香港へビー級チャンピオンになったときですよ。あのベルト、ほしいなあ（笑）。

――そんなところまで覚えてますか（笑）。ほかにもFMWやみちのくプロレスといったインディー団体はどうご覧になってましたか？

ふつうに楽しんでましたよ。ただ、住んでるのが地方の田舎だし、インターネットのない時代だったので、雑誌からしかその情報は得られないわけですよ。たまにビデオで借りて観るくらいで。もし、自分が都心に住んでたらもっとマニアになってたかもしれないですね。

Chapter 3

大学時代

1998.4-2002.3

俺、大学時代にPRIDEで
小原さんのセコンドについたんですよ。
TEAM2000のマスク被って。

大学進学、そして父の死

――中邑さんは高校を卒業して青山学院大学に進学されますが、これは推薦入学だとか？

そうです。インターハイで表彰台に昇った頃には、いろんな大学から声がかかるようになったんですよ。中央大、日体大、早稲田……。

――アマレスの名門大学ばかりですね。でも、そもそも中卒でプロレスラーになりたかったということですし、高校卒業の時点でプロレスの世界に入りたいとは思わなかったんですか？

そうしたかったんですけど、それには実績が足りないと思ったんですよ。最高位がグレコで2位、インターハイで3位とかだったんで、これじゃあ話になんねえかなって。やっぱり、プロレス界には五輪出場選手とか全日本チャンピオンがいて、実際にそういうレベルの人たちとスパーをすると虫ケラ扱いだし、こんな実績じゃクソの役にも立たないと思ってましたから。

――では、実績作りのためもあったわけですね。

それでどこに進学するかってときに、日体大だと特待生とか特典があったんですけど、母親に「つぶしが利かない」って言われたんですね。要は「プロレスはケガしたら終わりじゃない。そのあとは何になるの？　体育の先生になりたいの？」って。それで結局、早稲田、中央、青学に絞ったんですけど。

――そのなかから青学を選んだ理由というのは？

まず、中央はレスリングのパンツがダサかったんですよ。なんか、黄色のアウトラインで、紺色で真ん中に「C」って書いてあって。あと、レスリング部はイジメが多いという話も小耳に挟んだし。早稲田に関しては、当時のレスリング部は弱かったんですよね。で、青学は校舎が渋谷にある、と。そこで「ステキ！」と思って（笑）。

――そういう理由でしたか（笑）。でも、中央だったらジャンボ鶴田さん、早稲田だったらケンドー・カシンさんと、プロレスに進んだ人がいますよね。でも、青学は……？

いないですよ。まあ、決めた要因の一つとして「速攻でレギュラーになれる」って言われたのもありましたね。少数精鋭の新興のクラブで、専門誌の「月刊レスリング」に「個人の成績が上がってきて、いま勢いのある大学」って書いてあったのも大きかったかな。

――そして、渋谷にあってオシャレだ、と（笑）。

そう、オシャレ（笑）。まあ、渋谷だと思ったら、1、2年のときの校舎は本厚木だったんですけどね。本厚木というか、小田急線でその一つ先の愛甲石田っていう駅で降りて、そこからバスで30分。いまは相模原に移転しましたけど、当時は合宿所から2時間かけて通ってましたよ。

――けっこうな距離だったんですね。あと、この進学の時期に、中邑さんはお父さんを亡くされたとか？

うん、大学1年の4月20日ですね。入学して間もない頃、履修登録もしてない時期ですよ。俺、高校の卒業前に上京して、すでに大学でアマレスの練習を始めてたんですね。それで高校の卒業式のときに京都に帰ってきて、また大学の入学式で上京して。たしか、父親が亡くなったのは大学最初の授業の日でしたね。

――もともと、お父さんは体調が悪かったんですか？

俺が中2のときに血液の病気をして、全身の血液を入れ替えてるんですよ。それからは自宅療養になって。そのときにもう余命2年って宣告されてたんですけどね。で、煙草も酒も止めて。

――中邑さんにとって新たな門出のときに、そんな大きな出来事があったんですね。

危篤状態になったって聞いたのは、授業が始まる寸前だったんですよ。普段は滅多に連絡してこない姉が電話をかけてきたんで、なんとなく雰囲気で「これはまずいな」とイヤな予感がして。で、危篤状態ということで、東京に出てきていた2個上の姉と合流して、新幹線で京都に向かったんですけど、その最中に亡くなっちゃって。あのときは実家には一週間くらいいたんですけど、凄い喪失感で泣きじゃくりましたよ。

——お父さんの死と直面して、死生観みたいなものは変わりましたか？

そうですね。いまもある死生観はそのときに形作られたとは思いますよ。いろいろと価値観は変わりましたね。

——お父さんは中邑さんにとってどういうかたでしたか？

それはもう、厳しいし怖かったですよ。仕事は銀行マンで、よく忙しそうにしてましたね。あとは野球が凄く好きな反面、俺がレスリングやることには凄く反対で。でも、俺が全国大会に行くようになって、やっと認めてくれるようになったというか。新潟の大会まで車で観に来てもくれましたしね。

——ご関係は良好だったんですね。

まあ、昔は凄く悪かったんですけど、親父が病気をしてからは家族が一つにまとまったというか。なので、自分としてはスポーツに関しての親孝行はできたのかなと思ってますけどね。

——これからますます活躍をというときに、そうなってしまったのは残念でしたね。

だから、亡くなって東京に帰ってからも一週間は食事がのどに通らなかったですよ。食べても吐いてしまって。まあでも、それで大会に出場するのに減量がうまくいったというか（苦笑）。入学してすぐ、5月頭に全日本ジュニア選手権っていう大会があったんですけど、そんな状態なのに優勝できたんですよね。「これも親父のパワーかな」と思いながら、帰りの電車で泣いたのを覚えてますよ。

一風変わったキャンパスライフ

――お父さんが亡くなったとき、中邑さんは大学を辞めることまで考えたそうですね。

単純に「家族に迷惑かけられないな、働かなきゃな」って思いましたね。でも、母親が「せっかく入ったんだから大学には意地でも行きなさい。お金はどうにかするから」って言ってくれて。もちろん、こんな状況なんで、親にそこまでの仕送りは頼れないからバイトもしたし。あと、やっぱり学生生活もそれなりに謳歌したかったですからね。レスリングのかたわらでサークル活動も2年くらいやりましたし。そこはファッションショーをやるサークルだったんですけど、俺はショーのフライヤーとかポスターを作って。

――アマレスとはかけ離れたこともしてたんですね。

そのサークルに入る以前に、アマレスと並行して美術部にも入ってたんですよ。俺の友だちが美術部で、自分も部室が使いたいからっていうことで入れてもらって。で、その頃に俺がよくつるんでた連中が学内対抗球技大会とかで優勝するチームで、「コブラ会」って名前をつけてたんですけど（笑）。

――映画『ベストキッド』の敵グループの名前を（笑）。

そいつらと一緒にみんなで美術部に入って。要は部室があれば自分の荷物は置けるし、メシ食う場所も確保できるっていう。もちろん、暇つぶしに絵も描いてましたけどね。自分がおもしろいと思ったものを気のおもむくままに描く感じで。部費でキャンパスを買って、青学の個展にも出展したり。

――そこからファッションショーのサークルにはどういう経緯で？

たまたま、中国語のクラスのときに俺の前の席に座ってた女の子が俺の落書きを見て、「ポスター作ってくれない？」って頼んできたのがきっかけですね。それで畑違いのレスラーが、超軟

大学のファッションショーサークルでの集合写真。中邑は最上段の右から4人目。

弱男子中心のオシャレ系グループに絵を提供してた、と(笑)。

――レスリングにファッションショーと、一風変わったキャンパスライフを送っていたわけですね(笑)。さらに中邑さんはこの大学時代、総合格闘技のジムにも通われてたそうで。

そうですね。そもそも、和術慧舟會に当時所属していた阿部裕幸さんが、宇野薫さん(DREAMやUFCで活躍した総合格闘家)や小路晃さんを連れて青学のレスリング部に練習に来てたんですよ。そこで繋がりが生まれて、俺の2個上の先輩にいまもパンクラスに所属してる大石幸史さんがいたんですけど、一緒に大学の練習が終わったら、飯田橋にあった慧舟會系のジムのRJWまで練習しに行って。技術交換みたいなものですよね。その延長として、レスリング部の三宅靖志監督(PRIDEでジャッジを担当)やコーチの太田浩史さん(パンクラスに出場)も「打撃なしだったら出てもいいよ」っていう感じだったので、コンバットレスリング(関節技や絞め技のあるレスリング)の大会にも出ましたし。

――そういう活動はプロ転向も見据えて?

いや、その頃はまだ漠然とですね。プロレス入りを本気で考えたのは大学3年生のとき、周りが就活を始めた時期なんで。

――それまではアマレスや総合の技術を磨いてたわけですね。

でも、大学時代は途中でヘルニアになって戦線離脱した時期もあったし、なかなかうまく自分と格闘技をフィットできなかったというか。戦績自体も、結局は4年のときの全日本選手権4位と、インカレ（全日本学生レスリング選手権）3位が最高なので。

――実績作りのために大学に進学したのに、そこまで思うようにはいかなかった、と。

まあでも、学生生活自体は充実してましたけどね。アマレスの練習だけじゃなく、ちゃんと授業にも出てゼミにも入って、サークル活動までやって、なおかつ慧舟會にも練習に行ってたし。さらに夜は居酒屋とか派遣のバイトをやって。ほら、アスクル（事務用品を中心とする通信販売会社）ってあるじゃないですか？　あれのテレアポをやったりね。まあ、金のかからないことで充実してましたよ。

前田日明からのスカウト

――お話を聞いていると、中邑さんがプロレス入りを本格的に目指した当時、周りは格闘技志向の人ばかりだったってことですよね？

そうですね。だから、俺もＰＲＩＤＥなんかはけっこう観にいってましたよ。あとはシュートボクシング（立ち技総合格闘技を標榜するイベント。以下、ＳＢ）にも行ってましたし。よく、緒形健一さん（元ＳＢ日本スーパーウェルター級王者）や、村浜武洋さん（Ｋ―1やプロレスにも参戦経験のあるＳＢ出身の選手）が出稽古に来てたんで。ほかにも格闘家だと修斗のエンセン井上さんとか加藤鉄史さん、正道会館の柔術の選手もよく来てましたね。

――プロレスファンにはあまり馴染みが薄いかもしれないですが、名だたる格闘家と練習されてたんですね。

そもそも、俺がキャプテンのときに部員が9人しかいなかったんですよ。しかも1部と2部で学生がわかれてたので、昼間の練習なんかで人がいないときは、格闘家を呼んで一緒に練習して。

――中邑さんがキャプテンになったのは実績を考慮して？

いや、逆に実績が足りないので、主将という肩書きがほしいと思ったから（笑）。まあ、もともと、同学年が3人しかいなかったんですよ。で、俺よりもほかの二人のほうが実績はあったんですけど、どっちもイジられキャラで人を統率するタイプではなかったというか。そこでまあ、俺がやるしかないなとも思いましたし、ある部分で先も見据えて。

——そのあたりはいい意味で計算高いというか。

フフフ。だから、俺はいけしゃあしゃあと、飄々とすべてをこなしてるように見えて、ちゃんと下地は整えてるんですよ。

——白鳥が優雅に水面に浮いている様に見えて、じつは水中では必死に足を動かしているように（笑）。

俺はそういう姿を見せないんで、なかなかやってることが伝わらないんだと思いますね。だから、若手の頃なんかは観る側から感情移入されなかったというか。あの頃の俺は自分の苦労を隠して、ポッと出なのに総合格闘技のリングで結果を残してカッコイイことを言って、それで新日本では同僚から敵視されてね。なおかつ、ファンからは「アイツ、格闘家だろ?」って思われて、格闘家からは「プロレスラーだから認められない」みたいな反応をされて。まあ、そういう思いは、最終的には自分のなかでどうにかして決着つけましたけどね。

——この時期、一緒に練習していた格闘家たちとプロレスの話をすることはありましたか?

ああ、小路さんとはよくプロレスの話をしてましたよ。あの人も総合の舞台に上がるまえにプロレスラーとしてマスク被ってましたからね、誠軍団1号っていう名前で（笑）。あと、小路さんでいうとマーク・コールマン戦（00年の『ＰＲＩＤＥ ＧＰ』）の前に、タックルの切り方とか、いろいろと技術指導もしましたし。

——その頃から中邑さんはすでにセミプロみたいな感じというか。

まあ、そうかもしれないですね。だから、慧舟會に出入りしてた時期にプロのグラップリングの大会の出場オファーとかもありましたけど、出ないようにしてたんですよ。「やっぱり、プロレスラーになるならちゃんとヤングライオンから始めないと」とか言って。

——でも最終的にヤングライオンを飛び越えてスーパールーキーとしてデビューすることになるという（笑）。

結局ね（笑）。そういえば俺、この時期にリングスの道場にも練習に行ったことありますよ。

——え、前田日明さん率いるリングスですか？　それは興味深い事実ですね。

あのときは慧舟會勢に練習に連れていかれて。その頃は新日本のヤングライオン杯に出たこともある伊藤博之さん（05年のヤングライオン杯優勝決定戦で後藤と対戦して敗北）がまだ練習生で。そこで高阪（剛）さんや金原（弘光）さんがスパーをやってくれましたよ。まあ、やってくれない選手もいましたけど。

――それは負けるのがいやだからってことですかね？

フフフ。なんか、自分より明らかに体重の軽いヤツとしかスパーリングしないんですよね。で、その練習の終わりくらいに前田さんが来たんですけど、俺に「おまえ、明日からウチに新弟子として入れ」って言ってきて（笑）。で、「俺、ちょっと新日に入りたいんでいいです」って断ったんですけど。

――あの前田さんにそう言われて心が動く部分はなかったですか？

いや、とくには。「デケーな！」とは思いましたけどね。でも、俺は大学のときに親父を亡くしてるし、プロレスラーになるという夢も叶えたいし、お金もほしいし、強くなって有名にもなりたい。さらに海外遠征にも行きたい。そのすべてを叶えられるのは新日本プロレスしかないと思ったんで。

――プロレスラーこそ理想の職場環境だったわけですね。

でも、どのプロレスでもいいわけじゃなくて。やっぱり、母親に「転ばぬ先の杖」って散々言われ続けたわけですから、将来性があるところじゃないと。たとえば、ある人から「あの団体だったらすぐ入れるよ」とか言われるんですよ。でも、ブレることもなかったし。あと、「新日はスパーが多いらしいよ」とか言われたら、コッチはそんなに新日本の情報が入ってくるわけじゃないので、信じるしかないじゃないですか？　だから、「負けるのはイヤだな、ナメられたくないな」と思って、大学3年時にはほとんど単位を取り終えてたから、レスリング部の練習以外はほとんど格闘技の道場に行ってましたしね。

――大学のアマレス部時代、のちにプロに転向した選手と対戦した経験はありますか？　以前、後藤さんが浜中和宏さん（桜庭和志率いるLaughter7に所属していた総合格闘家）と対戦したという話をされていて。

俺も浜中さんとは全日本選手権で当たってますよ。あと、いまはグラバカ（総合格闘家・菊田早苗のジム）所属で、その前はＫＲＡＺＹ ＢＥＥ（総合格闘家・山本〝ＫＩＤ〟徳郁のジム）にいた……。

――ＵＦＣで活躍した福田力選手（元ＷＪプロレスリングの練習生で、デビュー前に総合格闘家に転向）ですね。アマレス時代にそんな貴重な対決も実現していた、と。

まあ、パッと思いつくのはこのくらいですかね。

――あと、青学のレスリング部時代に、新日のレスラーも練習に来てたという話も聞いたんですけど？

大学時代には全日本選抜選手権の3位決定戦で福田力(当時・山梨学院大学)とも対戦。

うん、小原さんとかヤングライオンの頃の井上亘とかが来てましたよ。小原さんがPRIDEでヘンゾ・グレイシーと対戦する前ですね。俺、あのときはセコンドについたんですよ。TEAM2000（当時、小原が所属していた蝶野正洋率いるユニット）のマスクを被って（笑）。

——あのときの正体不明のマスクマンは大学時代の中邑さんだったんですか！（笑）。実際、練習で憧れの新日本のレスラーと肌を合わせてみていかがでしたか？

でも、アマレスに関しては俺らのほうが専門ですから。だから、小原さんには総合への対策としてタックルを切る技術を教えて。小原さん、グラップリングでガッチリ組み合うことに関しては申し分なかったんで。

——国士舘大学柔道部の猛者ということもあり、〝小原幻想〟ってありましたよね。

そうそう、道場最強っていうね。腕力も凄く強かったですし。ただ、ヘンゾ戦のときは相手が打撃一辺倒で来たので、そうやってジリジリとやられてしまって。で、当時は俺も大学3年で既に新日本入りを考えていたので、小原さんに入門テストのことを聞くわけですよ。そうすると「スクワットなんか300回くらいしかやんないんじゃないの？」って言われるんですけど、行ってみたら実際は500回だったっていう（笑）。

念願の入門テスト合格

――中邑さんがレスリングの会場で後藤さんに新日本への入門方法を尋ねたって話もありますよね？

ああ、それは木村健悟さんがスカウト部長をやってた頃だから、俺が4年になってからかな？当時、後藤がプロレス入りを目指してるっていう噂を聞いてたんですよ。で、その大会に木村さんが視察に来てたんですけど、後藤に話し掛けたら「木村さんが来てるから聞いたほうがいい」って言われて、直接入門テストの日を聞いて。たしか、テストはその年の9月だったかな。

――やっぱり、入門テストはきつかったですか？

もう、なんとかついていったって感じですよ。俺、格闘技の練習ばっかりしてましたから、基礎体力の練習はあまりしてなかったんですよね。スクワットを超高速の連続500回とか、やったことなかったですから。そのときのテストで断トツの体力だったのが田口（隆祐）だったんですけど、俺はうしろのほうでごまかしながらスクワットをやって（笑）。

――要領よく（笑）。田口さん以外に入門テストで目立ってたのは？

あとは長尾（浩志＝元新日本のレスラー）ですね。長尾もスクワットが全然できなかったんですけど、大きかったから目立ってた（笑）。それと、これはあとになって知ったんですけど、岡見勇信もいたらしいですね。

——UFCのタイトルコンテンダーだった岡見選手も同じテストを受けていたんですね。岡見選手は慧舟會所属ですけど、その頃からの知り合いで？

いや、岡見は新日本に落ちてから慧舟會に来たんですよ、最初はプロレスラー志望で。もともと、彼は柔道出身だったんですけど、周りが教えたらドンドン強くなりましたよ。レスリング界でも名のある人たちが指導してたら、教える側より強くなっていって。まあ、それだけの体格、身体能力もありましたし。

——でも、新日本の入門テストには落ちた、と。

そのときに審査官をやってた永田裕志に「アイツはフラフラしてるからダメだ」って落とされたらしいですよ。俺の結婚式のときに岡見が本人と会ったらしいんですけど、「和解しました」とか言ってましたね（笑）。

——そのときの試験官は永田さん以外には？

木戸（修＝新日本に72年の旗揚げから参加、01年11月2日に引退）さん、木村（健悟）さん、飯塚（高史）さんもいたような気がしますね。やっぱり、入門テストは緊張したな。しかも、俺、遅刻ギリギリで道場に入ったんですよ。ウチの監督が「俺が送ってやる」って言うからアマレスの合宿所で待ってたら、全然来なかったんですよ。それでギリギリで間に合って。まあ、そのときは受験人数も多かったので、ちょっと遅くても大丈夫だったっていう感じで。

――中邑さんが野毛の道場に入ったのは、入門テストが初めてですか？

そうですね。よく、学生時代にバイクで道場を探しに行ったんですけど、結局見つからなくて。だから、そのまま授業をサボって、多摩川で寝っ転がってたとかありましたよ。

――ちなみに中邑さんが入門テストを受けたときは70人という凄い人数だったそうで。

いまと比べたら多かったですね。当時はジュニアの選手も募集するということで、身長制限が撤廃されたときなんですよ。それでドバっと来て。だから、テスト中もバンバン落としていく感じでしたよ。そのなかにフジタ〝Jr〟ハヤト（みちのくプロレス）もいたらしいですから。たぶん、当時は中3とかじゃないですか？　永田裕志に「高校卒業してから来い」って落とされたらしいですけど、募集要項には「中卒からOK」って書いてあるっていう（笑）。ほかにはKAI（WRESTLE-1）もいたみたいですね。最終選考までは残ったらしいですけど。

――それだけ敷居が高かった、と。中邑さんはどのタイミングで合格を言い渡されたんですか？

俺と後藤はその日のうちに、「おまえらはレスリングの実績があるから」って木村さんに言われたんですよ。

――念願の新日本入門ですし、喜びもひとしおだったんじゃないですか？

やっぱり「自分の希望を叶えてくれる職業はこれしかない」という気持ちだったし、もちろんよかったとは思いましたけど、まだそんなに浮かれてはなかったですよ。こっちはデビューまでに道場生が辞める話もたくさん知ってるわけだし。まあ、とりあえずスタートラインに立ててたということで、親と、学生時代にプロレスの入場曲をよく貸してくれたCDショップのオヤジには連絡しましたけどね。

――合宿所に入ったのはいつぐらいですか？

テストが9月にあって、合宿所は翌年の大学の卒業式が終わってからですね。3月の20日だったかな。

――テストから入寮までの期間は、どんな感じで過ごしてたんですか？

ちょうど、ケビン山崎（清原和博はじめ、数多くのトップアスリートを指導したスポーツトレーナー）の弟子だった美木航という選手が慧舟會にいたんですよ。それで彼と身体を大きくするために、一緒にプロテインを海外から輸入したり、タマゴの白身をガンガン食ったりして、ちょっとでも身体を大きくしようとしてましたね。あとはプロレス界に入ったらできなくなるということで、アマチュアのうちにグラップリングの大会とかアマ修斗とかに出て。高田道場主催の大会にも出たし、あとはコンバットレスリングでは優勝もしたし。

――刀を磨いてたというか、腕試しみたいな感じで。

うん、なんかいろいろ出てましたね。ギリギリまでそういうことやってから入寮して。で、入門初日に「こんにちは！」って寮の玄関を開けたんですけど、後藤と山本（尚史＝現WWEのヨシ・タツ）が青ざめた顔で出てきたのをよく覚えてますよ。「え、ここは地獄なの？」っていうくらい（笑）。だから、やっぱりビビったというか、緊張しましたね。その翌日から練習に参加して。

――山本さんとはそのときが初対面ですか？

厳密には入門テストのときに、山本が後藤と一緒にいたのは知ってるんですよ。で、なんか、馴れ馴れしいヤツがいるなと思いながら、「アレ？　コイツ、たしか落ちたんじゃなかったたっけ？」って思って。

――山本さんは一度、テストに落ちたらしいですね。

なのにコネを使ったんだかなんだか、入り込んだっていうね（笑）。で、俺の次の日くらいに田口が入寮して。そのときに俺と一緒に田口も坊主にされたんですけど、ブデさん（ドルゴルスレン・セルジブデ＝ブルー・ウルフ。元新日本のレスラー）がバリカンのアタッチメントの設定を間違えて、３ミリぐらいで刈っちゃったから、田口だけ一休さんみたく超短い頭になっちゃって。だから入門会見の写真を見ると田口だけ青々としてるっていうね（笑）。そのあと、５月に長尾が入ったのかな。それでいわゆる02年組が揃ったかたちですね。

KING OF STRONG STYLE 1980 2004

Chapter 4

入門～デビュー

2002.3-2002.8

デビュー戦のことを聞いたときは
「これは反感食うな」って思いましたよ。
案の定、一気に周りの雰囲気が
とげとげしくなって。

おまえはしょっぱいな、クビだ

――中邑さんがヤングライオン時代、その指導にあたっていたかたというと？

木戸さんですね。ウチらが入寮する前に、闘魂クラブ（かつて存在した新日本のアマレス部門）だった矢野（通）さんが入ってたんですけど、そのあたりから木戸さんが指導されるようになったみたいで。

――当時の寮長は矢野さんですか？

いや、入門した頃は棚橋弘至ですね。あとはKENSO（現・全日本プロレス）もいたし。井上亘は先に寮を出てたかな？ あとはブデさんもいて。

――中邑さんは寮では誰と同室でしたか？

最初は山本と一緒だったんですけど、アイツが本当にズボラで汚くて。ベッドの周りがいつも散らかってるし、マットレスも汗で人型のシミになってるんですよ（笑）。あとは「電気つけとかないと眠れない」とか、アホみたいなことばっかり言ってね。で、ゴールデンウィークをすぎたくらいに後藤が肩のケガで一時、戦線離脱したんですよ。後藤は田口と同室だったんですけど、それでベッドが一つ空いたから俺はソッチに避難して。

――山本さんと一緒の部屋はイヤだ、と（笑）。そういえば02年入門組が新弟子の頃に、かつて鬼軍曹と呼ばれていた山本小鉄さん（新日本プロレスOB）から指導を受ける映像が残ってますよね？

ああ、『テツンコ！』ですね。

――はい、当時の人気バラエティ番組だった『ガチンコ！』のパロディ企画で。あのとき、憧れのレスラーについて聞かれた中邑さんの口から出た名前が……。

木戸さんです（ニヤリ）。

――あれは中邑さんなりの計算も入ってたりしたんですか？（笑）。

いやまあ、新弟子のクセに若干、木戸さんに親しみを持っていたんです（笑）。練習は厳しくてもちょっとは楽しくしたいじゃないですか？　でも、木戸さんのレスリングはホントに好きでしたよ。ファンの頃から俺は藤原（喜明）さんよりも木戸さんのほうが好みというか。

――お二人ともいぶし銀タイプでワキ固めが得意でしたけど、どのへんに違いが？

ワキ固めのスピード感は藤原さんより木戸さんのほうが上でしたね。あとはなんですかねえ……木戸さんのシンプルさがいいんじゃないですかね。藤原さんが色気を出しすぎてるのに対して、木戸さんは隠しすぎてて、モワっとにじみ出てるというか。木戸さん、ちょっとミステリアスな雰囲気だったじゃないですか？　髪型が崩れないとか（笑）。

――もともと、中邑さんは職人肌のレスラーがお好きなんですよね、スティーブ・ライトとか。

そうそう。タイガーマスクのライバルだったら、ダイナマイト・キッドとかよりもスティーブ・ライトでしたね。

――合宿所時代に中邑さんとウマがあった選手というと？

まあ、関西人なんでノリ的には長尾とかですかね。俺、当時は意外と体力がなくて、基礎体力の練習はついていくのに必死だったんですよ。木戸さんにも「おまえはしょっぱいな。クビだ、クビ」とか言われながらやってたくらいで。

――中邑さんにもそんな時代があったんですね。

で、多摩川をランニングするときなんかは、木戸さんが見てないスキにみんなで「ちょっと休もうや」ってなるんですけど、長尾は「俺は格闘技経験ないし、みんなに出遅れてるからしっかりやる」って言うわけですよ。だから、こっちも「コイツ、やるなあ。よし、俺もがんばろう！」とか思ってたら、その一週間後には長尾のほうから「中邑ちゃ〜ん、一緒に休もうや」って（笑）。

――コロっと変わりましたか（笑）。

だから、俺が練習のなかで唯一休めたのって、スパーリングだけだったんですよね。でも、休んでると木戸さんに「中邑、いごけ！（動け）」って言われて。

――やっぱり練習は厳しかったですか？

そりゃ厳しいですよ、いわゆる昭和の練習ってヤツですね。たとえ理にかなってないと思ってもやるしかないというか、そんなところでブツクサ言ってられないですから。木戸さんも黙々と一緒に練習されるので、俺らもやらざるをえないし、そもそも俺はクビになったら人生終わると思ってましたから。慣れてくると、スクワットも500回から1000回とか回数が増えていったり、さらにはダンベルを持ってこなしたりとかね。

〝怒りの獣神〟降臨事件

――道場での練習は相当過酷な内容だったみたいですね。

そうですね。いまは道場も改装されてトタン屋根じゃなくなりましたけど、昔は春先でも道場内が40度を超えてましたから。夏だと外のほうが涼しいと思うくらいで。昭和式だからちゃんと水分補給もしないし、俺も脱水症状になって、冬の気候みたいに乾燥した状態でないにも関わらずカカトがヒビ割れて。

——そんな状態になるほどだったんですね。

でも、やっぱり水は飲まないとついていけないんで、前日に水を入れたペットボトルを冷凍庫で凍らせて、木戸さんが来る前にリング下に隠しておくんですよ。それで練習中、木戸さんがトイレに行ったスキを見て、真水になったそれをバーって飲んで。外でランニングするときなんか、多摩川のトイレの横にある蛇口で水飲んでましたよ。もう、生きるか死ぬかですから。筋肉痛のときなんかも、バンテリンとか薬塗ったって追いつかないですし。あと、木戸さんにはよくブリッジで怒られましたね。

——え、アマレス出身の中邑さんがですか？

アマレスだとブリッジしながら、その上に人を乗せるなんてことはやってないですから。そもそも、大学の合宿なんかだと、科学的なトレーニングを率先的に取り入れて、昭和的な練習なんてあまりしないですよ。たとえば「ウサギ跳びはヒザによくない、非科学的だ」ってずいぶん前から言われてましたけど、道場だとふつうにやってましたからね。

——会社として練習方法はコーチに一任だったんですかね？

そういうことでしょうね。木戸さんの経験のなかから考えたメニューというか、いわゆるゴッチ式（〝プロレスの神様〟と呼ばれたカール・ゴッチの練習方法）だったんでしょうし。まあ、俺らにすれば木戸式だったわけですけど。いまでも覚えてますけど、練習初日にスクワットで立てなくなって、部屋まで這って戻りましたからね。翌日も同じメニューなわけで、ホント「このまま死ぬんじゃないか？」って思ってましたから。もう、夜になると寝るのが怖いんですよ。朝になると木戸さんが来て、スクワットが始まるのが怖くて怖くてしょうがない。でも、田口なんかはスイスイやるわけですよ。入門前に自宅で1000回こなしてたくらいですから。でも、俺の場合、入門前は実践的な強さということでスパーばっかやって、基礎体なんかやってないっていう。だけど、道場に入ったらスパーよりもまずは基礎体の嵐でしたから。

——ちなみにスクワット1000回というのは、やっていてどんな感覚なんですか？

だいたい40分くらい、立ったり座ったりの繰り返しになるんで、途中で飽きてくるんですよ。だから、できるようになると、頭のなかで小学校の頃からの友だちの名前と顔を思い出していくんですけど。要はスクワットをしつつ、口ではその上下運動の回数を大声で数えながら、頭のなかで違うことを考えるっていう、人間の能力の限界に挑戦を（笑）。

——高度な作業ですね（笑）。しかし、木戸式は聞けば聞くほどきつそうというか。

だから当時、井上亘に言われましたから。「中邑くんたち、凄い練習してるね」って。「え、どういうこと？」って思いましたけど、要はあの代とは練習内容が違ったみたいですね。矢野さんくらいから、いわゆる昭和式に戻ったみたいで。

——噂によると、木戸式のほかに木村健悟さんの木村式もあったとか？

ああ、ありましたね。当時、スカウト部長だった木村さんがたまに練習しに来るんですよ。そのときに俺らに対して「ちょっと、スクワットやってみろ」とか、あれやれこれやれって言うんですよね。道場の練習が10時からで、9時半くらいからストレッチをやってるんですけど、そのくらいに木村さんが来ると木村式が始まって。で、その途中で木戸さんが顔を出すと、木村さんに「なんだ、おまえがやるのか？　教えんのか？」ってなって、木村さんが「いやいや、そんなことないですよ」って返すわけですよ。それでちょっと雰囲気悪くなりながら、木戸式に突入するっていうね（笑）。

――道場生にしてみると、それはいろんな意味でキツいですね（笑）。

だから、そこで木村さんにガンガンやらされたあとに木戸さんにもやらされて、熱中症になりかけたこともありましたね。

――練習以外での木戸さんの横顔はどんな感じでしたか？

無口は無口でしたね。あと、木戸さんはホントにキレイ好きで、よく道場の前で自分の大きなベンツを洗車してたんですよ。自分の靴が汚れないように、その上に中西学の大きな靴を履いて（笑）。まあでも、木戸さんは俺らからすればコーチですし、そんなにプライベートの話とかはしなかったですけどね。一緒にチャンコとか食うことくらいはありましたけど。でも、指導を受けてた後半は、ちょっと距離を縮めてみようとがんばりましたよ。こっちは全然興味もないのに、木戸さんの好きなゴルフの話を振ったりね。フフフ。

――もともと、中邑さんはファン時代に木戸さんがお好きだったという話ですけど、実際に指導を受けたときは感慨深さとかあったんじゃないですか？

いや、俺は入門した時点でそういう感情は捨ててたっていうか、そんなこと考えてるヒマはなかったですから。いちいち、一喜一憂しなくなったというか、とにかくここで生き抜くという気持ちしかなかったんで。だから、逆にファン気分が抜けずにヘラヘラと道場で生活してるヤツがよくわからなかったですよ。山本が「ここに前田日明や髙田延彦がおったんや～」とか、たまに蝶野さんのガウンを来て「ガッデム！　エー、オラ!?」とか言ってるのを見て、「何やってんだ、コイツ？」とか思ってましたし。

――ファン気分は早々に捨てていたわけですね。

それにコッチはプロレスファン上がりなんで、なまじヘンな知識というか、新弟子の夜逃げ話とかも知ってたので、気は張ってましたよね。まあでも、基礎体力の練習についていくのはたいへんでしたけど、スパーに関しては大丈夫だったので。

――そのあたりは入門前のアマレスや総合格闘技の経験がものを言った、と。そういえば、02年入門組でデビューまでに脱落者っていないんじゃないですか？

ああ、たしかにいなかったですね。たぶん、孤独感がなかったっていうのはあるんじゃないですかね。取り立てて仲がいいってのはなかったですけど、単純にしゃべる相手がいるっていうか。

――同期のなかでは、やっぱり山本さんがイジられキャラだったりするんですか？

イジられるっていうか……そもそも山本は本人の問題が大半なんですけど、異様に突っ込まれやすいタイプだったんですよ。山本がそういうトンパチなヤツだったからか、俺や田口って、ほとんど怒られなくて。

——ただ、そんな優等生な中邑さんも一度だけ、ライガーさんにはキレられたことがあったとか？

ああ、一回だけありましたね。あのときは俺がチャンコ番で、小林邦明さんに言われて冷蔵庫のなかを片づけてたんですよ。で、その状態で小林さんとしゃべってたんですね。「○○はあるか？」「はい、ここにあります」みたいな、たわいない会話を。そうしたら、食事をしてたライガーさんが、いきなりテーブルの上の食べ物とかガスコンロをヴァーンとひっくり返して、「おんどりゃ、オラァ!?」ってキレ出したんですよ。要は「オマエ、先輩に向かって背中向けたましゃべるとは何事だ？　辞めちまえ！」と。

——礼儀がなってない、と。でも、最初はなんで怒られてるかわからなかったんじゃないですか？

そうですね、「何、何、なんで!?」って感じで。それであっけにとられてるコッチを尻目に、小林さんはそそくさとリビングに避難するんですよ（笑）。

——自分は無関係とばかりに（笑）。

だから「ウワア、待って下さいよ！」と思いながら（笑）。まあ、たしかにコッチの礼儀がな

入門当時、合宿所の台所で。撮影は田山レフェリー（元・新日本プロレス）。

ってなかったなと思って、ライガーさんに謝って。で、「小林さんにもワビ入れてきます」ということで本人に謝ったら、小林さんに「ライガー、怖えなあ」って言われたんですけどね。フフフ。

——小林さんも驚くほどの〝怒りの獣神〟が降臨しましたか（笑）。あと、新弟子の頃は先輩からの理不尽な要求なんかもあったんじゃないですか？

そのへんは俺もコミュニケーション能力がなかったわけではないので。まあ、掃除が甘かったり、そういうことについて注意はされましたけど、殴られるようなことはなかったと思いますね。やっぱり、ウチらには的になるヤツがいましたし。

——山本さんですね（笑）。

アイツは掃除の仕方は汚い、チャンコはまずいとか、そのほかモロモロの原因があるわけですよ。で、なおかつ先輩にいいわけするとかね。それでとりあえず怒られるわ、殴られるわで。長尾も掃除とかはけっこう甘かったんですけど、山本が避雷針になってる部分はあったと思いますね。でも、当の本人は怒られる意味がわかってないんですよ、なんで怒られてるのかが理解できてない（笑）。

――よく、新弟子でも大卒の人なんかは経験値が多いぶん、高卒の人よりも要領よくやるって聞きますよね。永田さんもそうだったみたいですし。

そのあたりは俺にしろ後藤にしろ、うまく立ち回ってたんじゃないですかね。田口なんかも元来がしっかりした性格で、聞いたところによると、地方公務員試験に受かったのを蹴って新日本に入ったくらいの男ですからシッカリしてましたし。

スーパールーキーデビュー戦

――新弟子を経て、中邑さんは02年8月29日、日本武道館での安田忠夫戦でデビューするわけですが、これはどのようなかたちで言い渡されたんですか？

たしか、永田裕志からだったかなあ？「おまえ、巡業つくことになったぞ」って教えてもらったときに、「デビュー戦も聞いてるか？」って言われて。たぶん、7月の北海道巡業の前だと思います。で、コスチュームの準備をしなきゃってことで、外出許可をもらえたので作りに行ったり、カレンダー用の写真を撮りに行ったり。

――急に慌ただしくなったわけですね。

あとは髪も切りに行きましたね。永田裕志に「おまえ、髪も少し伸びてみっともないから床屋で整えてこい」って言われて。まあ、俺は美容室に行ったんですけど。

――なんでも、新日本の道場近くにレスラー行きつけの床屋があったって聞いたんですけど？

だから、俺はそこに行かずに、わざわざ自由が丘の美容室まで出掛けて（笑）。「ひさしぶりに自由が丘来たけど、俺、どうしようもねえカッコしてるな」と思いつつね。でも、美容師さんも困ってましたよ。「髪の毛が短いのが来たけど、どうすればいいんだろ？」みたいな感じで。まあ、そのあともしばらく、そこで切ってもらってましたけど。

――しかし、単純にデビューの舞台を聞いたときはビックリしたんじゃないですか？

うん、「オオ、スゲー！　マジか!?」って思いましたよ。第1試合でもないし、確実にメディアでも大きく扱われるなって。それに、あの当時の安田さんは新日本一のヒールでしたからね。

――星野勘太郎総裁率いる魔界倶楽部の中心メンバーでしたものね。

でも、驚きつつも同時に「これは周りから反感食うな」っていうのは思ってましたよ。案の定、周りはすぐに「なんでおまえが？」って空気になりましたから。まだ余裕がない、ちょっと上の先輩はもちろん、同期からも「なんでアイツだけ？」みたいになって、一気に周りの雰囲気がとげとげしくなって。

――それは態度がそっけないとか？

そういうことですね。でもまあ、スパーでは誰にも負けなかったし。陰口くらいは叩かれてたとは思いますけど、そういうのも山本小鉄さんから「強ければ誰も文句は言わない」って言われてたんで。

――でも、たとえば矢野さんはスパーでも強かったんじゃないですか？　中邑さん世代の前後のレスラーのなかでは、アマレスで断トツの実績を残してるわけですし。

だから、俺には矢野さんの持ってない技術があったってことですよね。やっぱり、テイクダウンまでは矢野さんが抜群に強いわけですよ。でも、アマレスの選手が背中をマットにつけることにもの凄く抵抗感を持っていたなかで、俺はある部分でレスリングは捨てようと思って、自分から下に潜るようにしてたんで。

――中邑さんにはマットに背をつけた状態、ガードポジションから攻める技術があった、と？

そういうことですね。デビュー前に慧舟會で身につけたことが生きたというか。

――なるほど。そして安田戦に先駆けて、中邑さんはこの年の『G1 CLIMAX』のリング上で、デビュー戦に向けた挨拶をしていますが、このあたりからも破格の扱いというか。

まあ、当時は〝上井政権〟でしたから。

――当時の新日本の営業職・執行役員だった上井文彦さんが関係してる、と？

上井さんが何か自分プロデュースの試合が必要だったのか、武道館で何かしらのタマが必要だったんで、俺をピックアップしたってことなんじゃないですかね？　こっちは守るものなんかないし、そのチャンスに必死に乗ろうとするだけで。だから、デビュー戦に関しても俺が道場でスパーが強かったからとか、そういうのもあまり関係ないと思いますよ。第一、偉い人は誰もそれを観にこなかったし。

――きっと、中邑さんが凄玉だという評判を聞いたんでしょうね。でも、実際に上井さんに目を掛けられていた意識はあります？

昔、巡業中に選手会っていうのがあったんですよ。選手がみんなでメシを食うっていう。そのときに上井さんから「キミ、身長ナンボや？」とか、そういうふうに話しかけられたりしたのは覚えてますけど、そのくらいでしたね。

――そして迎えたデビュー戦ですけど、やっぱり緊張されましたか？

いや、それがそんなこともなかったんですよ。もちろん、「日本武道館でデビューだ、どうしよう？」っていうのはありましたよ。自分のなかでは地方でデビューして、徐々にキャリアを積んでいくっていうイメージもあったんで。

――通常のレスラーであればそういう感じですよね。

まあ、そうじゃなきゃいけないとは思ってなかったですけど。でも、自分ではアマレスの実績も足りないと思ってたのに、気づいたら「スーパールーキーデビュー戦」って銘打たれて。コッチにしてみれば〝あとづけの鳴り物入り〟だから自信もないし、道場でデビュー戦に向けてプロレスの練習をしてると、周りの先輩からも「ダメだな、コイツ」みたいに言われたり、扱われたりして。

――それは精神的にもしんどいですね。

そこでいろいろ考えたんですよ。で、「謙遜してたって始まらないし、おもいっきりチャンスじゃないか！」って思って。ここで「自分なんかは……」みたいなこと言ってたら、最初からレスラーになんかならなくていいだろって話じゃないですか？　だったら、チャンスに乗っかるしかないって、吹っ切れたんでしょうね。だから、最初のコスチュームにしろ「新人のクセに」って怒られるのがわかっててても、いきなりスパッツにして。

——ヤングライオンのデビュー戦は、ストロングスタイルの象徴である黒いパンツに黒いリングシューズが基本ですよね。

そこは棚橋弘至に聞いても「やっぱり、デビューは黒パンに黒のシューズだよ」って言われたんですけど、「ああ、誰も理解してくれないんだな。一応、黒だからいいだろ？」と思って。しかも生地はラバーが入ったものにして、シューズも当時は珍しかったナイキのレスリング用のヤツを履いて。それはカッコつけたかったっていうのもあるし、どうせなら小さく規格内にまとまるよりは、自分の好きなようにやってみようってところですよね。

——すでにそういうプロ意識というか、中邑さんならではのこだわりがあった、と。

まあ、「大きい大会だし、北尾光司（元大相撲横綱。新日本で90年にレスラーデビュー）ほどハデじゃないからいいじゃん」と思って（笑）。で、当日も周りから文句を言われるのはイヤだったんで、試合が始まるギリギリまでコスチュームに着替えなかったですけどね。

——デビュー戦では中邑さんのセコンドに木戸さん、永田さん、中西さんがついてましたね。

全10試合中、第7試合にラインナップされた日本武道館でのデビュー戦。

とりあえず、木戸さんに関しては、やっぱり俺は〝木戸道場第1号レスラー〟ですから。逆に普段から練習をあまり見てもらってなかった永田裕志がついたのは、「はて？」とは思ってましたけど（笑）。

――それはアマレスのかわいい後輩だからということだったんじゃないですか？（笑）。あのデビュー戦では、中邑さんが最初に仕掛けたのがロックアップとかではなく、いきなり低空タックルを見せたのが印象的でした。

そうですね。でも、そのタックル自体、いままでのレスラーがやってたものとは違ったと思いますよ。結局、デビューに備えてプロレスの練習をやっていても、まだまだ動きが全然ダメだったので。俺も大舞台でインパクトを残すには「付け焼き刃のプロレスの技術よりも、いままで培ってきたものを出すしかない」ということで、ああいう動きが出たわけで。

――ちなみに当時、プロレスの技術を教えてくれたのは誰だったんですか？

『G1』が終わったあと、デビューまで俺につきっきりでプロレスを教えてくれたのは、中西学でしたね。

――え、試合ではあの独創的な動きが持ち味の中西さんがコーチだったんですか？

まあ、そういうリアクションになりますよね、フフフ。実際、デビュー前の練習で中西学に教わったことを出すと、ほかの先輩レスラーからは「何やってんだ、おまえ？」って凄く怒られるんですよ。

――なるほど（笑）。中西さんが中邑さんに指導したのは会社の意向なんですか？

いや、「中邑はアマレスやっとったし、しかも俺と同じ京都やから」っていう、中西学の親心みたいなものだと思います。まあ、ありがたいことですけどね。それで最終的には「自分が持ってる技術を出すしかない、自分の身になってないものを出すのはウソだ」っていう結論を出した、と。

――あのデビュー戦では木戸さんの得意技であるワキ固めも出しましたよね。

あれは木戸さんから教えてもらったんですよ。「こういう入り方とこういう入り方がある、あとはわかるだろ？」って。木戸さんには試合後、「デビュー戦にしてはよくやったな」って言ってもらいましたね。永田裕志も「初めてであそこまでマットさばきができるのはたいしたもんだ」って評価してくれて。ただ、コスチュームに関しては「あれはダメだ」って言われましたけど（笑）。

――中西さんには何か言われましたか?

それが凄くダメ出ししてきたんですよ。「オイ、何か違うぞ!」みたいな感じで。とにかくいろいろ言ってきたんですけど、そうしたら木戸さんが中西学のことを「何言ってんだ、おまえ?」みたいな感じで怒ったっていう(笑)。

――逆に中西さんがダメ出しを(笑)。結果的にデビュー戦で評価を得たということで、自信にはなりましたか?

いや、そこまでは考えられなかったですよ、とりあえず「終わったな」ってくらいで。入場のときもテーマ曲が鳴って、最初は「こんな曲で入るんだ」とか思ってたんですけど、会場に入った瞬間には入り込んじゃいましたね。映像を観ると拳を握って叫んだりしてるんですけど、それもやろうと思ってやったわけでもないし。

――自然に気合いが入ってしまった、と。でも、そのデビューのために、いままでがんばってきたわけですもんね。

あのときは地元の家族をはじめ、格闘技関連の仲間から大学の友だちまで、たぶん50人以上は応援に来てたと思いますよ。だから、新人にも関わらず、なぜか試合中に「中邑コール」が起こって。あのときは猪木さんも観にきてて、凄く評価してたっていうのは人づてに聞きましたね。

――そこで猪木さんに見い出されたのかもしれないですね。かつて中邑さんが〝選ばれし神の子〟と呼ばれるようになったきっかけというか。

そうかもしれないですね。「アイツ、できるじゃねえか」（猪木口調で）ってね（ニヤリ）。

KING OF STRONG STYLE

Chapter

5

海外修行・猪木の薫陶

2002.9-2002.11

1980 2004

猪木さん、顔も髪もクシャクシャにして、
「やるじゃねえか?」って笑って、
シャワールームに消えていったんです。

いきなりアメリカかよ！

――デビュー戦後、当時アメリカのロサンゼルスにあった「新日本プロレスＬＡ道場」（以下、ＬＡ道場）に向けて出発しますが、これはどういう経緯で？

これがまた、ちょっとバタついたんですよ。まず、デビュー戦が終わってから、次のシリーズの始まりが石川県産業展示館だったんですね。その日は天山広吉が西村（＝修。元・新日本プロレス。現在は文京区議会議員）さんに仕掛けたムーンサルトに失敗して、死にかけた日だったんで覚えてるんですけど。

――天山さんが頭からマットに突っ込んで意識不明になったのに、持ち前のタフネスで一週間足らずで復帰したという試合ですね（笑）。では、デビュー戦後のシリーズには中邑さんも帯同した、と。

はい。で、現地には前日入りしたんですけど、ホテルに行ってみたら自分の部屋が予約されてないんですよ。それでケロさん（田中秀和リングアナ。元・新日本プロレス）に聞いてみたら、「中邑はアメリカに行くらしいよ？」って言われて、「なんで先に言ってもらえないんだ！」っていう（苦笑）。慌てて会社に連絡したらホテルの部屋を取ってもらえたので、そのまま巡業にはついていって。で、東京に帰ってきてから事務所に行ったら、社長だった藤波さんと倍賞鉄夫さん（当時の新日本プロレスのフロント）に「おまえはアメリカ行きだ」って言われたんですよ。

――それは誰の意向なんでしょうか？

さあ、猪木さんなのか、会社なのか。

――上からすれば中邑さんに対してある種のビジョンを持ってアメリカ入りを命じたと思うんですが、具体的に練習内容の指示などはあったんですか？

いや、それが何もなかったんですよ。まず、藤波さんに「おまえはデビュー戦がよかったから、来年の1・4ドームで再デビューになった。しっかり練習してこい」って言われたんで、こっちも「練習って、何をどうすればいいんですか？」って聞いたんですよ。そうしたら、笑顔で「それはおまえが決めろ」と（笑）。「おまえが朝起きてから夜寝るまで、練習したかったらすればいいし」とか言われるんですけど、コッチは「……はい？」ってなりますよね。

――ほぼ、投げっぱなしだったんですね。

まあ、だから「あ、要は何も決まってねえんだな？」ってすぐに察知して、「わかりました」と。あと、藤波さんからは「俺なんか、『明日、アメリカに行け』って言われても、すぐに行けるくらい準備が早い。それぐらい旅慣れてるぞ?」っていう話を聞いて。きっと、藤波さんは「プロレスラーはそういうものだ」っていう心構え的なことを伝えたかったんでしょうけど、当時は俺もよくわからないというか、「ああ、藤波さんは準備が早いんだ」くらいにしか思わなかったですけど(笑)。

——ちなみに中邑さんの準備は早かったんですか?(笑)。

俺、当時は身体が大きくなってた時期だったんで、着れるものも少なかったんですよ。だから、アメリカ行くときも小さいリュック一つで飛行機に乗って(笑)。

——もともと、中邑さんはプロレスラーを目指した理由として海外に行けることを挙げてましたけど、こんなに早く実現できるとは思ってなかったんじゃないですか?

そうですね、「いきなりアメリカかよ!」って感じでうれしかったですね。あのときは成田空港まで会社の人に送ってもらって、取材陣もたくさん集まって。さらに大学の友だちもプロレスのマスクを被って見送りに来ましたから。

——正直、心細さとかはありましたか?

でも、俺はとりあえず、なんでも首を突っ込むというか、なんでも飛び込まないとわからないって考えるタチなんで。

——意外と考えてから行動するタイプではない、と?

俺は同時進行でやってくタイプですね。でもまあ、海外経験こそアマレス時代の合宿とかであったんですけど、一人は初めてだったので多少は心細さもありましたよ。とりあえず、その頃は英語も全然しゃべれなかったので、電子辞書を買っていって。

——アメリカ行きに対して周りの同期の反応は?

みんなは巡業中だったりしたんで、とくに言葉もなく。そういえば、その頃の俺は木戸さんとちょっと関係がよくなかったのを覚えてますね。俺、同期より先に巡業についていったので、道場でこなしてたような基礎体を毎日やらなくなってたんですよ。それでちょっと体力が低下したら、木戸さんに凄く怒られて。こっちとしては「そうは言っても木戸さん、巡業では洗濯やったり荷物運んだり忙しくて」って言いたいところなんですけど。

——周囲の理解をなかなか得られないという。

まあ、俺の場合、そういうことは多々ありましたけどね。

——初の海外修行の際、餞別のようなものはあったんですか?

ありましたよ。会社から日当というか、要は出張費ですね。アメリカ行く前に正式に選手契約をしてもらったので、たしかドルでもらって持っていったと思います。

——よく、昔だと「レスラーの海外修行は片道キップだ」なんて言われますけど、そのあたりはさすがエリートというか、会社のバックアップがあったわけですね。ロサンゼルスに到着してからはどういった流れで？

まず、空港でサイモン猪木さん（アントニオ猪木の娘婿。05年5月〜07年3月まで新日本プロレス代表取締役社長を務める。現在はIGFのフロント）が待っててくれたんですよ。ただ、最初は俺の荷物が小さすぎてわからなかったみたいで（笑）。で、もともとサイモンさんと寛子さん（アントニオ猪木の娘で、サイモンの妻）が住んでたアパートがあったんですけど、そこを借りて寝泊まりしながら、LA道場に通って。基本的にLA道場にはロス近郊のレスラーしか来てなかったですね。それ以外だと、シアトルのほうからブライアン・ダニエルソンが来てたくらいで。

——ブライアン・ダニエルソンというと、新日本には00年代前半にアメリカン・ドラゴンのリングネームで来日し、いまやWWEのトップスターになったダニエル・ブライアンですね。

そのサイモンのアパートで一時期、俺と長尾とダニエルソンが一緒に住んでたんですよ。

――のちのIWGPヘビー級王者とWWE王者が共同生活を送っていたんですね!

フフフ。あと、道場にいたのはロッキー・ロメロ、リッキー・レイエス、ジャック・ザ・ブル、ピノイ・ボーイといったところで。

――いずれも00年代前半にLA道場から送り込まれる形で新日本に参戦した選手ですね。ロメロはいまもジュニア戦線で活躍していますし。

そのほかだと、ヴァリッジ・イズマイウがカーウソン・グレイシーを連れてきたり、アラン・ゴエスなんかもいましたね。

――プロレスファンにはなじみが薄い名前ですけど、柔術家のビッグネームもLA道場に足を運んでた、と。

だから、当時は総合格闘家と無名のレスラーが練習に来てた感じですね。あとはジャスティン・マッコリー(パンクラスやリングスに参戦した総合格闘家)、チャイナ(WWEで活躍後、新日本で蝶野正洋とも対戦経験のある女子レスラー)もよく来てましたよ。

――ちなみにロスで猪木さんとはどういうかたちで対面を?

たしか、LA道場に行った初日に猪木さんも道場にいたのかな? 一応、日本にいたときに新

LA道場の面々と。ロッキー・ロメロやダニエル・ブライアンの顔も見える。

弟子全員で挨拶はしてたんですけど、個人としてちゃんと挨拶したのはロスが初めてでしたね。

イズマイウの華麗な立ち振る舞い

——渡米前に懸念していた道場での練習内容は、実際にはどんな感じでしたか?

やっぱり、練習体系がまったくシステム化されてなかったんですよ。それに総合のコーチが一応、ジャスティンだったんですけど、根っからのカリフォルニアンというか、時間におおらかすぎて、練習時間に来ないっていう。俺なんか凄くイライラして「ちゃんと来いよ、コノヤロー!」とかケンカしたことありますもん、サイモンさんを通訳にして(笑)。向こうにも「若造がコノヤロー!」とか言われてましたけどね。

——あんまり穏やかじゃなかったんですね(笑)。

まあ、基本的な練習内容としては、まずスクワットやって腕立て伏せとか〝プチ新日本〟みたいな練習をやってから、スパーとか総合のトレーニング。そのあとにリングでプロレスの基礎的な動きをやる感じですね。マット運動とか受け身とか、プロレスのスパーとか。

――プロレスの指導をしたのは誰なんですか？

ロッキーですね。

――え？　当時のロッキーって相当若いですよね？

そうそう、まだ20歳とかだしキャリアも全然で。だから、結局、そのくらいの練習環境だったってことですよ。同じく若いブライアンもプロレスができるっていっても、まだ指導をするほどじゃないというか、俺に「新日本の練習を教えてくれ」って聞いてくるくらいですから。

――そういうレベルだったんですね。

で、日本だと体育の授業でマット運動ってありますけど、アメリカではないんですよ。だから、俺がアメージング・コング（来日経験のある女子プロレスラー）とかに前転から教えて（笑）。

――中邑さんとしては練習環境に関して焦燥感もあったんじゃないですか？

うん、「このままでいいのかな？」とは思いましたよ。会社の金でコッチに来て、サンタモニカのど真ん中に住ませてもらいながら、「何しに来てんだ、俺？　このままで大丈夫か？」って。で、そんなふうに考えてるときに猪木さんが「中邑、おまえ、車持ってるか？」って聞いてきたんですね。それで「持ってないです」って答えたら、猪木さんが「オイ、サイモン、貸してやれ！」

って言ってくれて。もともと、「車がほしい」とはサイモンさんに言ってたんですけど、保険がどうのこうのとか言って、ずっと二の足を踏んでたんですよ。でも、これをきっかけに車を借りられるようになって、練習とかいろんなところに行くようになったんですけど。

――行動範囲が広がってからはどんなところに？

ロサンゼルス国際空港近くのエルセグンドっていうところに、「REAL AMERICAN WRESTLING」っていう総合格闘技のジムがあったんですけど、LA道場の練習が終わってから出稽古に行ってましたよ。いわゆる「rAwチーム」と呼ばれてたところで、かつてダン・ヘンダーソン（PRIDEやUFCで活躍した総合格闘家）なんかが所属していて。LA道場で一緒だったイズマイウもそこで練習してたこともあって。

――イズマイウは柔術の実力者であると同時に、一部では〝闘魂ストーカー〟と呼ばれるほど、アントニオ猪木さんに取り入ってた選手ですよね（笑）。

だから、イズマイウはLA道場で猪木さんに「マスター、マスター！」とかコビ売って、ゴマすって、それが終わってからrAwチームにトレーニングに行く、と（笑）。いや、イズマイウの立ち振る舞いは見事でしたよ。たとえば、猪木さんがプロレスの裏技的なものを教えると、飛び上がって「痛い、痛い！」ってリアクションしたり、自分の古傷に猪木さんが手かざしをしたら、「あ、治りました！」とか言ったりね。フフフ。

――手かざしは猪木さんが一時期熱心だったとされる霊感療法ですね。中邑さんは手かざしをしてもらわなかったんですか？

俺はやられても正直に「治ったかわかんないです」って。なんか、ウソついちゃいけないと思ったというか（笑）。

――イズマイウみたいな処世術はなかった、と（笑）。ｒＡｗチームでは誰に指導を受けたんですか？

リコ・チャパレリっていう代表に教えてもらいました。ダン・ゲーブルっていう〝レスリングの神様〟って呼ばれる人がいるんですけど、リコはその一番の門下生だった人で、レスリングではランディ・クートゥア（総合格闘家、元ＵＦＣ世界ヘビー級王者）も圧倒してたっていう話で。

――凄まじい猛者なんですね。でも、総合の世界では名前を聞かないですよね？

リコ自身の実戦は俺と一緒に出た『ジャングル・ファイト』（03年9月13日／ブラジル・マナウス）だけなんですよ。まあ、年齢的にもドン・フライの先輩に当たるくらいの人だったんで、総合に転身するにはちょっと高齢だったし。あと、リコはレスリングを引退してからは、スーパーモデルをやってたんですよね。イケメンだったんで、ファッション雑誌の「VOGUE」とかの表紙になって稼いでたらしいんですけど、UFCが出てきてからそのお金を全部ジムに投資して、rAwチームを作って。でも、最終的にはジムもいざこざで解散になっちゃったみたいですけどね。まあ、リコもいまは格闘技から離れて、人生的にはうまくいってるみたいで。2〜3年くらい前にDVDの企画で会いに行ったら、汚いオッサンになってましたけどね。フフフ。

——かつてのスーパーモデルが（笑）。では、rAwチームでは充実した練習ができた、と？

そうですね。とりあえず、ビギナーのクラスからプロのクラスまで全部出席して。当時はロスにも総合の道場がそんなになかったんですけど、rAwチームで一緒になったヤツに「明日、どこどこで練習あるけど来るか？」って誘われて、金網の中でタンク・アボット（UFCで喧嘩屋として一世を風靡した総合格闘家）と練習したりもしましたし。だから、LA道場以外では、ずっとソッチ方面の練習ばっかりでしたね。

猪木との果てなきスパーリング

――ちなみにＬＡ道場には猪木さんはどのくらいの頻度で来てたんですか？

けっこう来てましたよ。道場のなかに猪木さんのためのスチームサウナがあったんで。当時、猪木さんはサンタモニカのビーチ沿いのでっかいホテルに住んでたんですよ。で、ＬＡ道場ではよく闘魂棒を振り回してストレッチをやってましたね。

――闘魂棒というと、猪木さんが練習で使用していた長い棒ですね。中邑さんは何か猪木さんにアドバイスを受けましたか？

よく「握力を鍛えろ、手首を鍛えろ、柔軟しろ」とか言われてましたね。あとはプロレスの練習で息詰まってるときなんかに、「俺たちの頃はな、こうやってたんだ」ってアドバイスしてくれることはあったし。でも、小難しい小言みたいなのはなかったですね。なんか、その頃は猪木さんもけっこう気さくな雰囲気だったんですよ。ジョークも言うし、夜飯に誘ってもらったりもしましたし。まあけっこう、世界平和がどうとか、雲をつかむような大きな話が多かったですけどね（笑）。

――なんでも、中邑さんはＬＡ道場で猪木さんと延々とスパーリングをやったことがあるとか？

ああ、夕暮れ時のＬＡ道場で猪木さんが「中邑、おまえはちょっとはできるのか？」って話しかけてきたんですよ。それから寝技のスパーが始まって、おそらく時間にしたら30~40分くらやってたと思うんですけど。

——長丁場だったんですね。それは一度極まったらタップして、またスパーを繰り返すかたちですか?

そうなんですけど、猪木さんが全然タップしないんですよね。

——それは中邑さんが極めてないんですか? それとも極まらないんですか?

一応、こっちも「これ以上いったらケガしますよ?」ってところまでは極めるんですけど、猪木さんが意地でもタップしないんですよ。だから、俺もその都度リリースして、またゴロゴロと繰り返して。だから「これ、いつ終わるのかなあ?」って思いながら腕十字を取ったりスリーパーを極めたり、ヒールを取ったり。もう、二人とも汗ダクなわけですよ。で、ちょっと練習仲間も見てたんで、俺が「おいしいから写真撮って」って合図しても、「いや、できない」って首振って。単純に猪木さんがそういうのは写真を撮らせてくれないっていうことなんですけど。

——一種のプロ意識ってことなんですかね。

それで結局、俺も「そっか、猪木さん、負けられないんだ」って気づいて、こっちの足を差し出したらアキレス腱固めを極められたんで、そこでタップをして。

——言葉はアレですけど、花を持たせたというか。

猪木さん、もう顔も髪もクシャクシャになりながら、「おめえ、やるじゃねえか？」ってニヤリと笑って、シャワールームに消えていったっていうね（笑）。でも、さすがだなと思いましたよ。あの頃の猪木さんは60歳くらいだったわけですよ。なのに、20そこらの俺についてきたわけですから。

——たしかに。しかも度を越す負けず嫌いというか（笑）。

猪木さんって、スパー中にけっこう相手を試そうとしてくるんですよね。イズマイウとかゴエスに悲鳴を上げさせた裏技で。

——柔術の猛者たちも知らないような技ですよね。要は昔から語り継がれてる、お尻の穴に指を突っ込んだりするような？

それもあるし、あとは骨と筋肉の隙間とか、そういう急所をつくっていう。でも、俺も山本小鉄さんに全部習ってたんで、その猪木さんの攻撃をズラしまくったんですよ。「と・こ・ろ・が！」みたいな感じでね。

——そこは張り合った、と。

まあ、当時の俺ってすげーマジメだったんですよね。ウソをつかないってことに一生懸命だったというか、若さゆえに融通が利かなかったというか。でも、猪木さんは強かったですね。だから、いわゆるダブルジョイントですよ。

――柔軟性が高すぎて関節技が極まらない身体のことですね。

そうですね。猿手（ヒジが逆側にも曲がってしまう腕）っていうか、関節の可動範囲が広いのか。あの歳でも開脚ができるのも凄いと思いましたし。でも、猪木さん特有の固さっていうのもあるんですよ。パンチとかローキックにしろ、動きがスムーズじゃないというか。だから、ふつうのレスラーとはちょっと違う動き、見せ方ができたんでしょうね。

――新日本で猪木さんと最後に密に接したのって中邑さんになりそうですよね。

まあ、俺が最後になるんでしょうね。そういう意味では、いまとなっては貴重な体験だったと思いますよ。

LA道場での集合写真。その後方には猪木による「道」の詩が掲げられている。

Chapter 6

総合格闘技出陣

2002.12-2003.7

真っ暗なハイウェイを運転してたら、
サイモンさんから大晦日の話を聞いて、
思わず事故りそうになって（笑）。

『INOKI BOM-BA-YE』出場の舞台裏

――中邑さんは02年の大晦日の『INOKI BOM―BA―YE』に総合格闘技ルールで出場されますが、この経緯というのは？

出場の話をもらう前に、猪木さんから「中邑、おまえ、ボブ・サップと戦うとしたら、どうやって倒す？」って言われたんですよ。だから「そうですね、テイクダウンして首でも絞めますかね」って答えたら、「そうだろう、俺もそういうふうに考えるな」とか、そんな話をしてたんですよね。

――当時のサップと言えばマット界のトップスターで、同じ02年の『INOKI BOM―BA―YE』では髙山善廣さんと対戦していますが、その対戦候補に中邑さんの名前もあったみたいですね。

そうらしいですね。で、ある日、いつものようにｒＡｗチームで練習して21時過ぎに終わって、真っ暗なハイウェイを運転してたら、サイモンさんから電話があったんですよ。「帰国が決まりましたよ、『ＩＮＯＫＩ ＢＯＭ―ＢＡ―ＹＥ』です」って言われて、「え、マジですか!?」ってビックリして、思わず事故りそうになって（笑）。

――当初は年明けの1・4東京ドーム大会に出場する予定が大晦日の別の大舞台、しかも総合ルールですからそれは驚きますよね。

それで翌日、LA道場でサイモンさんに「中邑さん、猪木さんが呼んでます」っ言われて、猪木さんの部屋に行ったら、「中邑、俺に話があるそうじゃねえか？」と（笑）。コッチは呼ばれたから来たので「オイオイ！」と思いながらも、「あ、こういうことか？」と察知して、「あの、猪木さん、すいません。『INOKI BOM―BA―YE』に出たいんですが」ってお願いして。

――要はサイモンさんの電話が前フリで、中邑さんから志願するかたちにしたかったっていう？

そういうことでしょうね。で、猪木さんに「そうか。まあ、アレに出たいヤツなんか星の数ほどいるんだ。それでもおまえは出してやる」みたいなことを言われて。

――『INOKI BOM―BA―YE』に出ることはそのくらい凄いことなんだぞ、と。

そうなんですけど、俺の出場が決まったとたん、大会に出してもらえないジャスティン・マッコリーが、「オイ、練習しようぜ！」って声を掛けてきて、スパーでボコボコに仕掛けてくるっていうね。フフフ。

――また周りからジェラシーをぶつけられたわけですね（笑）。総合の舞台でのプロデビュー第2戦が決まったとき、当時の新日本プロレスの動向は気になりましたか？　たとえば同期のこととか。

いや、あんまり気にはしてなかったですね。そういう情報を得たところで、自分にとって何もメリットがなかったというか。それは意図的にシャットダウンした部分もあるし、それに当時はまだインターネットの環境もそこまで整備されてなかったですしね。ただ、同期に関して言えば田口がデビューしたって話は聞いてましたね。山本もデビューしたって聞いて、「よくデビューできたな？」って思ったり（笑）。

――しかし、当初は年明けの１・４ドームに出場するはずだったのが、『ＩＮＯＫＩ　ＢＯＭ－ＢＡ－ＹＥ』で総合ルールに挑むというのも急転直下ですよね。

そうですね。結局、日本には12月頭に帰って来たんですよね。あのときは「うわ、六本木ヒルズができてる！」って思ったのを覚えてますよ。で、自分の寝床のある新日本道場に戻って、大晦日に向けた準備をしようとするんですけど、木戸さんには「おまえ、なんでスクワットしないんだ？　サンドバッグなんか叩きやがって」とか言われるわけですよ。

――相変わらず周囲からの理解はなかなか得られなかった、と。

だから結局、新日本だと総合の練習ができないわけですよね。たしか、あのときはリョートがいたんだっけな……？

――猪木さんのスカウトで03年5月2日の『アルティメット・クラッシュ』でプロデビューを果たし、現在はUFCで活躍するリョート・マチダですね。

当時はリョートも新日本の道場に一時期住んでたんですよ。だから、たまにリョートとスパーをしつつも、結局は古巣の慧舟會に頼るしかないってなって。それで自分の師匠だった芹沢健一さん（元総合格闘家。現在は多くの格闘技イベントでレフェリーを務める）に練習は見てもらって、あと、当日はセコンドに宇野薫さんや光岡映二（戦極などで活躍した総合格闘家）、それと「俺がついてあげる！」ってことで小原道由さんもついてくれて。

――セコンドの布陣はほぼ総合寄りだった、と。しかし、ドーム大会の4日前に総合の試合を行なうというのも、いまとなっては考えられないですよね。

まあ、時代を感じますよね。あ、そういえば日本に帰ってきて、支度金って言われて倍賞さんから50万円もらったんですよ。要は「これで練習環境は自分でなんとかしろ」ってことだと思うんですけど。でも、あとは何も用意されてなかったんで、いろいろかき集めるしかないというか。べつに自分のチームがあるわけでもないし、全部自分で決めるしかない、と。たしか、慧舟會以外に高阪さんのところにも行ったのかな？

――日本に帰ってきて試合までは3週間程度だったと思うんですが、対戦相手がダニエル・グレイシーに決まったのは直前でしたよね？

たぶん、3日前とかですよね。最初はサップって聞いてたし。で、そのあとにステファン・レコ（〝欧州の稲妻〟の異名を持つ元K―1ファイター）ってなって、結局はダニエル・グレイシーに落ち着いて。

――サップはその大会ではメインに出場してますから、中邑さんもそのくらい期待がかけられてたってことでしょうね。

でも、こっちには余裕がないですからね。猪木さんには「腹くくれ！ 楽しめばいいじゃやねぇか？」って言われたのを覚えてますよ。まあ、結局はプロデビュー2戦目だし、総合ルールは未経験でしたけど、「もう、やるしかねえな」って感じでしたね。

――あのときは入場の段階から、相当気合いの入った表情をされていて。

ああ、なんか試合前に興奮剤的なのを飲んだ気がしますね。タウリンか何かを。あと、あのときはリング上でこそ対立してましたけど、安田さんが気を使って、「道場にいたらみんなにヤンヤ言われるから」ってことで、会社に言ってホテルを取ってくれたんですよ。周りの声をシャットダウンするために。

――当時は安田さん自身も新日本プロレスの総合格闘技要員みたいな感じでしたよね。

だから、あの頃の安田さんは精神的に、プロレス業界を背負わなきゃいけないっていうのを知ってたってことですよね。でも、そのくらいのプレッシャーがあっても、ほかのレスラーは誰も気にもとめてくれない。それどころか「負けてほしい」くらいに思ってるヤツもいる、と。だから、仲間から邪魔をされる可能性もあるからってことで、ホテルを用意してくれて。

――そんな壮絶な舞台裏もあったんですね。

ダニエル・グレイシーとの総合デビュー戦

――あのダニエル戦を振り返っていかがですか?

とりあえず、あのときの俺としては、プロレスを背負う気マンマンだったんですよ。もちろん、当時は誰も総合デビューの俺にプロレスを背負わせたくないだろうし、誰も俺をプロレスラーだなんてまだ認めてなかったでしょうけど、こっちは入場で新日本のタオルを高々と掲げてね。でも、ぶっちゃけ、花道を歩いてる最中は超ビビってたんですけどね。

――あ、そうだったんですか？　けっこう、堂々とされてるように見えましたけど。

だから、どこかでスイッチが入っちゃったんでしょうね、「見られてる」っていう。それでリングに上がるときにはもう、「ここでヘッピリ腰だったら、自分の未来がすべて閉ざされる！」っていう思いで。

――覚悟を決めた、と。あの試合中、中邑さんは相手のパンチで目尻を切りましたよね？

そうですね、下からのパンチで。あれで逆に火がついて、タックルでテイクダウンを取ったりしたんですけど、ちょっと気持ちが熱くなりすぎましたね。あのときは桜庭（和志）さんがテレビ中継の解説をやっていて、「テイクダウンして上になったら、相手とある程度の距離を取ってボコボコやればいいのに」って言ってましたけど、俺は興奮しすぎたことで逆にスキができて、相手にポジションを取られちゃって。で、２Ｒになって左腕を腕十字で極められた、と。

――結果的に総合デビュー戦は敗戦を喫したわけですが、試合後に猪木さんからはどんな言葉を？

「しょうがねえな。いい経験になったろ？」っていうことを言われましたね。で、切った目尻をドクターに縫ってもらってたら、そこにザ・グレート・サスケさんがいたんですよ。

――そういえば当日、サスケさんは猪木さんのリング上でのパフォーマンスに参加したんですよね、一緒にスネ相撲をやって（笑）。

そうそう。で、こっちはボコボコの顔のまま、サスケさんに「はじめまして、新日本プロレスの中邑と申します」って挨拶したのを覚えてますね（笑）。まあでも、あのときの試合は飛蚊症（視界に糸くずや蚊のようなものが見え、視点を変えるとそれが動き回るように感じる、目の疾患の一つ）も出たし、それなりの代償がありましたね。

――それだけの洗礼を浴びた4日後、今度は東京ドームでプロレスデビュー2戦目として、小原さんとのコンビで安田忠夫&村上一成の魔界倶楽部と対戦します。あのときは顔には大きな絆創膏、左腕にもテーピングを施すという非常に痛々しい姿でした。

あの試合はよく覚えてますよ。あとで映像観たら、俺、顔が青ざめてましたね。やたら白かったな……でも、小原さんはもっと白かったですけど。

――それは色白ってだけじゃないですか（笑）。

フフフ、初代色白レスラーですからね。二代目は矢野通（笑）。

現在、新日本に参戦しているダニエル・グレイシーが総合デビュー戦の相手となった。

03年1月4日のタッグマッチ。デビュー3戦目にして大流血に見舞われた。

――色白談義はさておき（笑）、あの試合も壮絶でしたね。中邑さんが傷跡にパンチをガンガン入れられて。

とくに村上和成にね。あのときは俺も血が出まくって興奮してたんですよ、倒れてもすぐに立ち上がって。

――この試合後の中邑さんのコメントが振るっていて、「デビュー戦の借りは返した。安田さんは借りたもの返さないらしいけど、俺は返すから」っていう、安田さんの借金問題をネタにしたもので（笑）。この当時から中邑さんはコメントにひねりを加えてるというか。

フフフ。いま振り返ってみると、そのコメントもそうですけど、『INOKI BOM―BA―YE』の直前会見でも「（モデルのダニエルより）自分のほうがイケメン」って言ってみたりとか、我が事ながら「新人のクセにふてぶてしいヤローだな、こりゃ嫌われるわ」って思いますね。

――もちろん、そこにはプロとしての自己プロデュースもあるわけですよね。

それはまあ、ね。でも、デビューのときからあんまり若さをウリにとか、そういうのではやってこなかったですけどね。とにかく、自分の我を通すってことで敵を作りまくってきたっていう。

――そして、このドームが終わって中邑さんはようやくレスラーとしてシリーズに帯同、試合もこなしていくかたちになります。

そうですね。最初は北海道巡業かな。

——2月1日の札幌テイセンホールで開かれたテイセン杯6人タッグトーナメントでは、ヒロ斉藤さんと後藤達俊さんとのトリオで優勝されます。

そうそう。なぜか俺、野良犬軍団（＝クレイジードッグス。小原やヒロ、後藤達俊らが所属）だったんですよね。俺が初めて入ったユニットですよ、渋いでしょ？（ニヤリ）。

——たしかに（笑）。大ベテランのレスラーと一緒に行動するという部分でやりにくさはなかったですか？

いや、逆にやりやすかったですよ。そういうかたたちはキャリアを積まれてるんで、俺に対してヘンなジェラシーもなかったでしょうし、コッチも側にいて勉強になる部分もあったし。いい組み合わせだったと思いますよ。

ハイリスクだったノルキヤ戦

——当時、格闘技路線を取り入れていた新日本を象徴する大会として、03年5月2日にプロレスと総合格闘技ルールの両方の試合がラインナップされた『アルティメット・クラッシュ』が東京ドームで開催されますが、この大会で中邑さんは二度目の総合ルールに挑みます。

まあ、これもこういう大会の話が持ち上がった時点で、「どうせ俺でしょ？　俺がやらなきゃ誰がやるの？」っていう部分はありましたよね。実際、俺自身もやりたいと思ったし、「ほかの人はできないわけだから、絶対においしいな」とは思ってたんで。それと同時に、その頃の俺はどっちもプロレスだと思ってたんですよね。

——それは総合もプロレスをやる感覚に近いということですか？

簡単に言うと、俺、ダニエル・グレイシー戦で負けたのに周りからの評価がスゲー上がったんですよね。

——要するに総合の試合にも関わらず、プロレスのように勝敗を超越した部分で評価を受けた、と？

そうですね。だから当時、プロレスをやるうえで何も身についていなかった自分にとって一番重要だったのが、言葉では表しにくいんですけど、〝雰囲気をまとう〟ってことで。

——それはオーラというか、戦う気持ちを発散させてるような？

そういうことですね。だから、プロレスをやるときも「総合の試合みたいな殺伐とした空気をまとおう。そういう試合をするんだ」っていう感覚だったという意味で、総合もプロレスも同じというか。

――気構えという部分で同じだった、と。この大会ではK―1を主戦場にしていたヤン〝ザ・ジャイアント〟ノルキヤと対戦しますが、振り返っていかがでしたか？

まず、この試合のときは日本で総合の練習をする環境がないし、アメリカからも「こっちに来い、そろそろ帰れ」って言われたんですよ。でも、俺としてはLA道場とチームrAwだけじゃ絶対にダメだと思っていて。もっと厳しい環境に身を置きたいというか、どこか地獄の合宿みたいな感じで缶詰にされたいと思って、自分から頼んでブライアン・ジョンストンのところに行ったんですよ。安田さんが逃げたっていう話も聞いてたんで、厳しいのかなと思って。

――ジョンストンと言えば創成期のUFCで活動し、97年からは新日本マットにも上がっていたファイターですね。もともと、本人と面識はあったんですか？

前年に田山さん（正雄＝新日本プロレスの元レフェリー）がアメリカに来たときに、一緒にロスからサンフランシスコまでドライブしたんですけど、その途中でジョンストンのウチに一度だけ寄ったことがあって。で、ノルキヤ戦の前は、ジョンストンがコーチをしていたサンノゼにあるアメリカン・キックボクシング・アカデミー（以下、ＡＫＡ）に通ったんですけど。

――総合の世界では名門として有名なジムですね。

そのときは朝にどこかの大学のトラックで走ってから、昼前にAKAに行って、たまにフランク・シャムロック（初代UFCミドル級王者。パンクラスやリングスにも参戦）のサブミッションレスリング教室に出て。で、午後からはジョンストンに身体にゴムをつけさせられて、タックルの練習をやったりね。ジョンストンには「大丈夫、相手はイージーだ」って言われたんですけど、練習自体はハードでしたよ。あとは長身のノルキヤ対策としてデカい黒人とスパーもたくさんやって。打撃への免疫をつけるために、けっこうボッコボコに殴られもしましたね。

――そういう総合の練習をしてるときは、プロレスのことは頭にありました？

というよりも、俺は「俺のやってること自体がすべてプロレスなんだ」っていう、とらえ方をしてた感じですかね。こういう修羅場はチャンスであり、自分のプロレスラー人生において「この道がふつうなんだ」っていうことにしてましたね。自分に言い聞かせていたというか、そういう心持ちでいたことで余裕も生まれて、精神的にいっぱいいっぱいになることを避けるようにして。でも、現地の宿泊先にいるときは昔の新日本のDVDとかずっと観てましたけどね。

――それは総合ルールの試合前でも「気持ちは新日本の歴史と共に」というような？

いや、単純にほかに観るものがなかったから（笑）。あとはサンノゼの日本人マーケットのなかにある本屋で、『新宿鮫』を全巻買ってきて読んだりね。なんか、サンノゼでは練習以外はヒマだったんですよ。ジョンストンも夜ご飯は18時ぐらいに食って、22時には寝てたんで。

――ジョンストンというと、01年8月19日の藤田和之vsミルコ・クロコップ戦のときに藤田選手のセコンドにつく予定だったのが直前に脳梗塞で倒れましたけど、中邑さんがお世話になった頃には回復されてたんですね。

しゃべりはちょっとたどたどしかったですけど、車を運転できるくらいには回復してましたね。あと、当時のAKAでいうと、『X―1』に知り合いがいっぱい参戦したのを思い出しますね。

――いまはなきWJプロレスが03年9月5日に開催した総合格闘技イベントですね。

あれにはジョンストンも選手派遣で関わっていたので。金網が大会中に崩壊するっていうね（笑）。

――中邑さんが総合ルールの試合をするうえで、新日本のリングとそれ以外のイベントのリングだと、感覚的に違いはありましたか？

ああ、それは凄く違いましたね。やっぱり、新日本のリングで総合をやるときはホームリングだから負けられないわけですよ。だから、たとえば同じ『アルティメット・クラッシュ』でやった藤田vs中西はレスラー同士、しかも日本人同士なので、勝敗に関してある程度のエクスキューズはつくわけで。でも、俺の場合、相手は畑違いのK—1の選手だったし、しかもノルキヤ自身はK—1のメインイベンタークラスではないし、そこまで強いとは思われていないわけですから。もちろん、俺もそんなことはわかってるし、こっちが勝ってもそこまで評価は上がらないっていうね。

——ハイリスク・ローリターンというか。

だからこそ、これは絶対に勝たないといけない、と。しかも、インパクトを残すには相手を血だるまにすることだって考えたわけですよ。で、あのときはヒジがOKだったんで有効に使った、と。試合結果はギロチンチョークでしたけど、顔にヒジを押し当てて血で滑らせたのが効いたんでしょうね。でも、あのときはホントに緊張しまくってましたよ。で、控え室はプロレスと総合でわかれてたんですけど、俺のところにヒロさんと後藤さんが来てくれたんですよ。それで笑い話をして緊張をほぐしてくれて。「誰々のケツの穴は臭え」とか下らない話をね（笑）。

初のタイトル挑戦はNWF世界ヘビー級王座

――そしてそのノルキア戦から約1カ月後、03年6月13日の日本武道館大会で、中邑さんはキャリアわずか10カ月にして髙山さんの持つNWF世界ヘビー級王座の挑戦者に抜擢されます。

まあ、そのキャリアじゃ異例の挑戦ですし、『アルティメットクラッシュ』の結果を評価されたってことなんだろうなと思いましたね。だから、ベルト挑戦が当然とまでは思わなかったですけど、これも自分でチャンスをものにしたからだっていう意識は持ってましたよ。でも、やっぱりタイトルマッチということで、「中邑、推されてるな」っていう周囲の雰囲気は感じてたし、あいかわらずの環境のなかでコッチもとんがるしかなかったというか。

――このNWF世界ヘビー級王座は、もともとアントニオ猪木さんゆかりのベルトだったんですけど、「世界最強の統一世界王者を決定する」というIWGP提唱に伴い、81年4月に封印されたベルトでした。それが復活し、03年1月4日の新王者決定トーナメント決勝戦で髙山さんが高阪さんに勝って戴冠して。

コッチもNWFって聞いたときは「NWFかあ。たしか、アントニオ猪木がジョニー・パワーズから獲ったベルトだよなあ」とか考えてましたね。まあ、もちろん年代的に70年代のNWFを巡る戦いは観てなかったですけど。そういえば、髙山さんが「あれがクラシックで一番カッコいいベルトだって」って言ってましたね。

――「真ん中のワシのマークがショッカーの怪人みたいでカッコよかった」って発言されてましたね。このキャリア初のタイトルマッチを振り返っていかがですか？

やっぱり、武道館のメインということで気は張ってましたよ。で、この試合前に、身体にも張りを出そうとウエイトトレーニングをやってたんですけど、たしか外道さんに「タイトルマッチ前にそんなことしなくていいよ」って言われたんですよね。要は身体が固くなったり、試合に出すパワーが失なわれるみたいなアドバイスをもらったのを覚えてます。そのときは緊張で「何かしてなきゃ！」ってことでウエイトを始めたんですけど、その一言がスコーンと頭に入ったというか。

――いいアドバイスだった、と。あの試合で印象的なのが、中邑さんが髙山さんを踏みつけてフォールしたら、会場からどよめきが起こって。

ああ、あれは狙ってましたよ（ニヤリ）。あの頃の髙山善廣といえば、いま以上の勢いと怖さがあって、まさに〝プロレス界の帝王〟と呼ばれた男でしたから。

——中邑さんにとっての髙山さんというと、その後の二人の歴史も踏まえて、思い入れも深い相手だとは思うんですけど？

そうですね。その最初の接点がそこですね。

——試合後、髙山さんは「おもいきってオレと組ませてみろ。いろいろ経験させろ。そうしないといいものも腐る」と、中邑さんを高評価されて。

だから、そういう言葉が非常に助かりましたよね。当時、新日本の選手以外の人間からのヘルプがあったというか。あとはコッチに対してヘンなしがらみの無い途中入団の邪道さんや外道さんたちのほうが、フラットな目で俺を見てくれてたとは思いますね。

——中邑さんから見て、髙山さんがほかのレスラーと違う部分というと？

いやもう、一発一発が「衝突！」って感じですよね。この試合でも途中、俺がジャーマンスープレックスを仕掛けたときに、かたちにはなったものの投げきれなくて、顔面に髙山さんの全体重がのしかかったんですよ。そのあと、口からずっと流血してるんですけど、「アレ？　ない？」って思って。

——ない、というのは？

上アゴの歯茎と上唇の間の筋がないって。要はそこが切れちゃったんですよね、それでドバドバと血が流れて。「これ、鼻の下が伸びちゃうのかな?」とか思いながら闘ってましたね。あとはタックルいったところにヒザを合わせられたんですけど、それが凄くヤバい衝撃というか、「死んだ!」と思うくらいで。でも、息はできないものの、目の焦点も合ってるし、脳震盪も起こしてない状態で。

——瀕死の状態ではあったけど意識はあった、と。

でも、セコンドの田口がヤバいと思ったんでしょうね。走ってトレーナールームから三澤先生(威=元・新日本のレスラー。現在はメディカルトレーナー)を呼んで来たんですよ。それでお客さんも「あ、中邑、死んだ!?」みたいな空気になったというか。

——でも、意外と本人は冷静だったんですね。

なんか、ヒザが衝突した瞬間に、もの凄く自分のなかが静かになるんですよ。たぶん、脳味噌がフル回転したんでしょうね。周りが超スローモーションみたいに感じて、「いま、会場全体が俺のことを死んだと思ってるな」って、冷静になったのを覚えてますね。死にそうになりつつも、人を手の平に載せるって言うのはこういうことなのかなと思いながら。

デビュー初期、中邑の前に大きく立ちはだかったのは“帝王”髙山だった。

——極限状態までいくと、周りが客観的に見える？

そういうことでしょうね。あれは自分の歴史のなかでも名シーンというか、それ以来、タックルに対するカウンターのヒザの受けっていうのが、俺の必殺技の一つになったというか（笑）。

——やられっぷりがいい、と（笑）。この時期、中邑さんの対戦相手でインパクトのあった一人が、当時は魔界倶楽部所属だった〝狂犬〟村上和成さんだと思うんですよね。

まあ、プロレスデビュー2戦目のタッグマッチでもボコボコやってきましたからね。

——03年には2月と7月の2回にわたって、中邑さんはシングルで激闘を繰り広げてますけど、いかがでしたか？

いま思い返すと、村上選手はプロレスの技術がないぶん、気迫の部分をもの凄く表に出して試合をしていた感じはしましたね。

——もともと村上さんは総合格闘家ということもあってか、猪木さんが「プロレスの練習はするな」くらいのことを言ったというのは聞いたことがあります。

ああ、きっとそうでしょうね。しかも村上選手はオープンフィンガーグローブをつけてたんですけど、なかの〝アンコ〟の部分がやわらかいから、すぐに拳に到達するわけですよ。コッチはそれをしょっちゅう顔面に受けてましたからね。

——あの長州さんが高評価するほどの選手でしたけど、やっぱりハードヒットでしたか？

そうですね。でも、こっちも当時は新人で、100パーセント以上のものを出さないとすぐに潰されると思ってましたから、負けじと気迫で向かっていったというか。いま思えば、自分の感情を表に立てるっていうエッセンスは、ああいう試合のなかから生まれたっていう気はしますね。

Chapter 7

『G1』初出場・ブラジル遠征

2003.8-2003.9

この頃からスパッツにライオンマークを
分解したものを入れてたんですけど、
もう誰も文句は言わなかったですね。

ヒクソン・グレイシーとの邂逅

――中邑さんはこの年の8月、デビュー1年にして『G1 CLIMAX』に初出場します。

これは例年そうですけど、『G1』は会社も選手もお客さんも、みんなのワクワク感が伝わってくる感じはありますね。会社のスタッフ同士でも『G1』の優勝予想をして盛り上がってたり。

――『G1』は中邑さんが小学6年生だった91年から開催されていますが、ファン時代に印象深い大会はありますか?

そうですね……92年の決勝の蝶野正洋vsリック・ルードがやたら長かったなっていう思い出がありますね(笑)。あとは93年に両国7連戦をやったときに藤波さんが優勝して、「アレ?」ってちょっと驚いたような気がします。決勝で馳さんと対戦して、藤波さんが裏投げを使ったんですよね。最後もサソリ固めだったし、「人の技をよくイケシャアシャアと使うな」と思って。フフフ。

――掟破りの逆サソリがフィニッシュでしたね(笑)。

まあ、やっぱりG1は厳しい連戦が続きますし、ファンの頃から凄く過酷だなってイメージはありましたね。実際、リーグ戦ではなくトーナメントに変わってた時期もあるほどだし。その厳しさを自分が味わうことになるわけですけど。

――『G1』には13年までに10回出場していますけど、やはり初出場のときのことは記憶に残ってますか？

そうですね。たしか、あの『G1』からコスチュームを変更したんですよ、スパッツからロングタイツに。俺、総合の試合のときはスパッツに新日本のライオンマークを入れてたんですけど、この時期からそのマークを分解してタイツに入れるようになって。でも、そんなことしても誰も文句は言わなかったですね。

――デビュー戦の試合コスチュームに関しては先輩にアレコレ言われたものの、その1年後にはライオンマークをそんなかたちで大胆に背負っても、もう周囲も何も言えなかったということですよね。

そうでしょうね。あれはコッチにしてみれば「俺がエースだ」とか「俺が新日本プロレスだ」ってアピールなわけですよ。それに対して何も周りの声は聞こえてこなかったし、自分自身も「みんなにできないことをやった」っていう自負はあったので。まあ、「なんやねん、アイツ！」って内心は思ってる人もいたでしょうけど、そういう四面楚歌みたいな部分もあったからこそ、あえてやったというのはありましたよ。とんがりにとんがりまくってたので。

――あのときの『G1』初戦は、中邑さんと同じく初出場だった柴田さんでした。

あれも覚えてますよ、シャイニングトライアングルを初公開した試合。

――いまとなっては見られない中邑さんの初期の必殺技ですが、そもそもあれはどういう着想だったんですか？

まあ、簡単に言うと〝飛びつき三角締め〟ですよね。たしか、その前のシリーズで吉江豊に飛びついて極めたことがあったんですよ。そこから「こういうかたちからでも入れるんだな」という感じで。

――当時は武藤さんのシャイニングウィザードが流行りだした時期で、蝶野さんもアレンジしてシャイニングケンカキックを使ってましたけど、そういう〝シャイニングブーム〟に乗っかったというのは？

それもありましたね。まあ、ヒザをステップにしてどんな技にするかという部分で、技の広がりを見せるわけですけど、「そこから関節技にいってもおもしろいよね」っていう発想だったというか。まあ、当時はあの技もファンからけっこう酷評されましたけどね。フフフ。

――総合の技をうまくプロレスに融合させようとする中邑さんの苦悩がうかがい知れる技ですよね。

まあ、プロレスファンのなかでは三角締めと言ったら、橋本真也が相手の背後から腕を持って、そこからガチャンと入るっていうイメージが強いんでしょうけど、俺が練習のなかで使う三角締めは、いわゆるガードポジションから極めるアレだったんでね。でも、それをふつうに仕掛けても伝わりにくいから、どうにかアクションを大きくして見栄えよくするためにアレンジをした、と。

――ちなみ柴田さんとはこのときが初対戦でしたけど、中邑さんは柴田さんと寮生時代に被ったことは？

いや、ないですよ。柴田勝頼、井上亘は棚橋よりキャリアは上なので、先に寮を出てましたね。

――では、新人時代に柴田さんとの絡みというと？

ほぼ、ないですよ。あの人はよくケガで巡業を休んでいたので、しょっちゅう道場には来てましたけど、何かを注意されたってことも覚えてないですし。ああ、でも……「アマレスの試合、覚えてるか？」って聞かれて、そのときにコッチがよく覚えてなかったっていうのはありましたね。

――高校時代のアマレスの大会で中邑さんが柴田さんに勝ったというエピソードですよね。

うん、言われてもピンとこなくて。あとあと、「ああ、そういえば」っていう感じだったというか。

――柴田さん、それが原因で中邑さんに敵対心を燃やし始めたんじゃないですか？（笑）。

03年の『G1』初戦で柴田を撃破。試合後、「同年代には負ける気はしない」とコメント。

フフフ。いや、なんでちゃんと覚えていないかって言うと、まずその大会は二日かけてのトーナメントだったんですけど、初日最後の試合、二日目に残れるかどうかっていうときの俺の相手が、茨城の霞ヶ浦高校の平澤の双子の弟だったんですよ。

——キャプテン・ニュージャパンの正体とされてる平澤光秀さんの弟さんとも対戦してたんですね。なんでも、アマレスの世界で平澤兄弟はかなりビッグネームだったとか？

そうそう。当時、霞ヶ浦は超名門でしたから、その看板だけで相手がビビって、たとえ弱いヤツでも勝っちゃうパターンすらあるくらいで。で、その大会はグレコローマンだったし、もともと俺はフリースタイルの選手だから勝ち進めないと思ってたんですよ。なのに、一試合目から前年度の準優勝者に勝ったり、平澤の弟を倒したり。俺と同じチームのヤツは全員負けたのに、自分だけあれよあれよと決勝までいっちゃったんですよね。それでまあ……。

——要は気づいたら勝ち抜いていて、柴田選手との試合はよく覚えてないと？

まあ、簡単に言うとね。「試合、覚えてるか？」って聞かれて、なんて返したかは記憶にないですけど、実際にそのときは試合のことを忘れてたんで。だから、悪気はないですよ（ニヤリ）。

――中邑さんが初出場した『G1』の最終日には、400戦無敗で知られるあの伝説の格闘家、ヒクソン・グレイシーがリングサイドでゲスト観戦してたんですよね。

それでなぜか俺がリングを降りて握手するっていうね。でも、会話とかはとくになかったですよ。バックステージでもとくに何もなく。

――でも、ヒクソンが公式に新日の会場に姿を現したのはそのときだけじゃないですか?

そうでしょうね。まあ、個人的なヒクソンとの接点は、このあとにも二度ほどあるんですけどね。まず、最初のアレクセイ・イグナショフ戦(03年12月31日)が終わったあと、上井さんが人を介して、ヒクソンにその試合映像を観てもらったらしいんですよ。そのときにヒクソンが、「勝つチャンスは何度もあった。それを自分で気づかずに彼は負けた」と言っていた、と。それで、俺としてはヒクソンのところに練習に行きたかったんですけど、当時はヒクソンの奥さんであるキム夫人のガードが厳しくて、日本人のプロレスラーということをよく思ってもらえなかったのか、実現しなかったんですけどね。

――それは残念でしたね。そのほかにも接点が?

あとは4、5年前に、ヒクソンの友人の桜井章一さん(雀士、著作家)に誘われて、浜松で開催されたヒクソン・グレイシー杯っていう柔術大会を観にいったんですよ。そこで控え室に通してもらって、ヒクソンと話をしたら「今度、試合があるときはパーソナルトレーニングするよ」って言ってくれたこともあって。

――ファイターとして、ヒクソンに対しては特別な思いとかありますか？

まあ、単純に選手としても好みでしたし。それは柔術家っていうよりも、たとえば自然を使ったトレーニングとか、筋トレは懸垂だけしかしないとか、ヨガを取り入れてるとか、そういう部分に興味がわきましたね。

――ヒクソンには山ごもりをするというイメージもありますけど、一部ではあれは日本向けの演出だっていう声もありましたよね？

いや、でもホントに山ごもりしてたみたいですよ。4代目タイガーマスクが修斗の選手だった時代に、ヒクソンから「山ごもりしたい」っていきなり言われたらしくて。

――ああ、ヒクソンの初来日は修斗の関連大会である『バーリ・トゥード・ジャパン・オープン』でしたね。では、本当にヒクソンは達人みたいな感じだったわけですね。

だから、俺もああいう、どこか超然とした感覚を自分に欲していたというのはありますね。

後藤洋央紀のジェラシー

――さて、この初参戦の『G1』後に行なわれた8月24日の後楽園大会で、スーパールーキーだった中邑さんが初めて第一試合に出場し、同期のヤングライオンと対戦します。

そうそう、後藤とやりましたね。

――これは後藤さんがおっしゃってたんですが、「中邑とは同期だけど、アッチはメインイベンターで自分は前座という時期が長かった」と。要はいまでこそトップ戦線で互いにしのぎを削っているものの、当初はそのくらいの差があったという。

なるほどね。たしか、あの試合で俺が後藤をジャーマンで投げたんですけど、当時の俺がやっている相手と比べたら、アイツの体重があまりにも軽く感じたんですよ。それで逆に俺が身体を反らしすぎて、首を痛めてしまって。

――『ドラゴンボール』の世界みたいですね。普段、重い防具をつけて修行していて、それを取ってみたら強くなってたみたいな（笑）。

ああ、それに近い感覚はありましたね（笑）。まあ、あの試合は非常にフレッシュに感じましたよ。でも、レスリングの技術を含めて、後藤には実力の下地がありましたから。

――後藤さんは当時から中邑さんを相当意識していたみたいで。

いやもう、こっちがわかるくらいにバリバリに意識してましたよ。なんか、最初は無口というか、「もともと、人としゃべらないヤツなのかな？」って思ってたんです。でも、そのうち、アイツは意識してそういうふうにしてたんだっていうのに気づいて。俺以外の同期とはふつうにしゃべってたっていう（笑）。まあ、後藤は俺と同時期に入門したんですけど、その年のゴールデンウィーク前にケガで一度辞めて。でも、それから戻ってきてデビューしたんで、「がんばったんだな」っていう気持ちはありましたよ。もともと、センスはいいヤツだったし。

――一目置いていた、と。

だから、同期のなかでセンスは後藤、体力は田口、スパーは俺。で、長尾は背が高くて、山本はみんなの避雷針、と。

――それぞれ役割分担がなされてたわけですね（笑）。

山本なんか、しょっちゅう柴田勝頼に怒られてましたよ。単なるストレスのはけ口だったのかもしれないですけどね（ニヤリ）。

——しかし、中邑さんは同期とスタート地点が違うということもあってか、あまりあの道場で生活していたという匂いを感じないというか。

それはたぶん、ワザとそういう色を出さないように振る舞ってたのはあるかもしれないですね。若手の匂いをつけると、なかなか上にいけないんじゃないかっていうのが頭に入ってたというか。

——そういう部分もジェラシーを抱かれる要因になってたのかもしれないですね。

そうですね。たとえば、俺に対して「おまえ、早くセコンドに行け」という先輩もいれば、「おまえがセコンドに行ったらヘンだろう?」という人もいるわけですよ。それで結局、自己判断でセコンドにつかなかったりすると、あとでボロクソに言われたりね。

——人によって言うことが違うっていうのは困りますよね。

当時、新間寿さん（〝過激な仕掛け人〟の異名を持つ、元・新日本プロレス専務取締役営業本部長）がたまに会場に来てたんですけど、「メインイベンターのおまえが、その前の試合でセコンドについてたらおかしいだろ?」っていうようなことも言われましたし。でも、同期にしたら

「おまえ、仕事しろよ」って気持ちもあったとは思いますね。

西村修から学んだダンディズム

――中邑さんがルーキーだった当時、新日本には格闘技色の強い選手が数多く参戦、また所属していましたよね。

そうですね、ジョシュ・バーネット（ＰＲＩＤＥやＵＦＣで活躍した総合格闘家。新日本にも参戦）が来たり。

――あとは修斗出身のエンセン井上選手や、いわゆるＵ系（ＵＷＦをルーツに持つプロレス・格闘技団体）出身の人たちとか。中邑さんは「外部の選手のほうがフラットな目で見てくれた」ということですけど、こういうかたがたとの交流が多かったんですか？

う〜ん、でもそこまではなかったと思いますよ。まあ、ほかの選手との交流という部分では、巡業中に洗濯が終わって、田口と連絡を取りあったりとかくらいで。あとは繋がりがあった選手といえば西村さんですかねえ。俺、西村さんから受けた影響は少なくないと思いますよ。たとえば、『G1』中なんかはコンディションの作り方を教えてもらったし。「あんまり、酒は飲まないほうがいい」とかね。まあ、あたりまえのことなんですけど（笑）。それ以外にも〝ダンディズム〟について学びましたね。

――ダンディズム、ですか？

はい、西村さんにホテルのバーとか小洒落たところに連れてってもらったり。俺、ワインと葉巻は西村さんから教わりましたからね。そういうリングを離れたところでのたしなみや振る舞いというか。

――そういえば以前、KENSOさんも「影響を受けたのは西村さん」とおっしゃっていて、海外武者修行時代に「練習していてもしょうがないから、旅に出ましょう」と誘われて、車で二人旅したそうです（笑）。

西村さんらしいですね（笑）。まあ、〝無我〟と言いながら我を通してきたっていう、独特な個性の持ち主ですよね。長州力の言うことに背いて、全責任を自分で取る覚悟で、いろんなことを行使してきたわけですから。あの人からは他人とは異なる経験を積むことや、それがプロレスにも反映されるってことを教えられましたね。

――リングには人生が投影される、と。

そういえばこの前、俺が昔使ってたウェブメール、それこそ02年くらいのものをダラダラと見てたら、西村さんからのメールを見つけたんですよ。俺がデビューしてからアメリカ修行に行ってすぐの頃にもらったメールだったんですけど、「練習も大事だけど、この若い時期にアメリカで生活するという経験は何事にも変えられない。だから、ここでいろいろ経験することは必ず後々プロレスに生きてくる」っていうようなことが書いてあって。

——若い頃からフロリダのタンパに住んでいた西村さんだからこその哲学ですね。

あの人は歳とかキャリアとか分け隔てなく、一人の人間として俺とつきあってくれた最初の先輩かなとは思いますよ。よき理解者だったというか、当時の俺が周りからことごとく否定されるなかで、俺にとってはちょっとした拠りどころになってくれてたと思いますね。それが俺のデビュー1周年の〝無我対決〟に繋がるわけですけど。

——03年8月28日の大阪府立体育会館、「中邑真輔デビュー1周年記念試合・無我体感」と題して行なわれたシングルマッチですね。あのとき、中邑さんは純白のタイツを履いて試合をされて。

あのときの白いタイツ、あれ一度きりですからね。もともとプロレス少年だから、獣神サンダー・ライガーがビッグマッチのときにコスチュームが普段と変わるみたいな、ああいうのが好きだったんですよ。

――西村戦に備えた特別仕様だった、と。

まあ、当時は俺自身、非常に格闘技色が強い環境にいるなかで、西村さんみたいなレスリングスタイルに触れることを求めてた部分はあったんでしょうね。

――あの時は〝無我査定試合〟という見方もされましたが、試合前から中邑さんは「いや、入る気はない」というスタンスで（笑）。

フフフ。最終的にリング上で西村さんに無我のＴシャツを渡されたんですけど、「くれるんだったらもらっとくけど、部屋着でしか着ませんよ？」ってね（笑）。

――ほかにも中邑さんは「無我は反文明と言いながら、西村さんは電動歯ブラシを使っているのはおかしい」と発言されてました（笑）。

言いましたねえ。あとはモロにアメ車好きじゃねえかっていうね。まあ、おもしろい人でしたね。

――現在、西村さんが文京区の区議会議員になったことについては？

そこらへんに関してはノーコメントで（笑）。まあでも、平和主義の人ですよね。人間的にちょっとゆるい部分もありますけど、争いごとを求める人ではないですし。

――では、西村さんのかつての師匠であった藤波さんについてもお聞きしたいんですけど、中邑さんが印象深いことはありますか？

藤波さんとは移動中の車のなかで、プロレスについて話したことがありましたよ。あのときは第一次ＵＷＦとの対抗戦について聞きましたね。前田日明をはじめ、藤波さんがことごとくＵＷＦとの試合を成立させていたときのことを。

――新日本とＵＷＦは基本的にファイトスタイルが噛み合わなかったのに、あの前田さんをして藤波さんのことを「新日本に戻って無人島だと思ったら、仲間がいた」と称してたくらいですものね。

そうそう。それで、そのときに「とにかく、いい意味で期待を裏切ることが大切だ」っていうことを、藤波さんが言っていたのはよく覚えてますね。

――中邑さんはアンテナを高く張るという意味では、そうした先輩の言葉は積極的に求めるタイプでしたか？

そうですね。あとは聞き耳立てたりね。普段、レスラーって、プライベートなところではプロレスの話をしたがらない人が多いんですよ。あと、永田裕志の付き人をしてた時期は、タイトルマッチの雰囲気だったり、試合前にピリピリして追い込まれてる姿なんかを間近で見るのは、いい経験になりましたね。最近でこそ付き人制度は古いって言われてますけど、そういう吸収できるものはあるとは思いますよ。

『ジャングル・ファイト』でのアマゾン体験

——中邑さんは03年の9月、猪木さんがブラジルで開催した『ジャングル・ファイト』に出場されます。

そうそう。あれはおもしろかったなあ、『ジャングル・ファイト』。

——このときはアマゾン川流域の相当凄い場所で試合をされたとか？

まず、会場までの行程が成田からロス、ロスからブラジルのサンパウロ、サンパウロからマナウス、そしてマナウスから船で2時間。ホテルに着くのでさえ、合計で一日半くらいかかりましたからね。

——気が遠くなる移動距離というか。

ホント、そうですよ。で、行きの飛行機で隣がリングドクターだったんですけど、ずっと「医者はSMが好きで……」とか、そういう話を聞いてましたね（笑）。あとは機内で靴下を脱いでたんですけど、ダニに凄く食われたんですよ。そのときはTV関係者とかスタッフは、マラリアなんかの予防接種を受けてたんですけど、俺は面倒くせえなと思って受けなくて。結果的にアマゾンではとくに問題もなかったんですけど、行きの飛行機でそんな目に遭って。

――ブラジルではどんなところに泊まったんですか？

アマゾンの「アリアウ・アマゾン・タワーズ・ホテル」っていう五つ星のところなんですけど、マイケル・ジャクソンも泊まったことがあるみたいで。でもまあ、アマゾンの環境での五つ星ですから、ホテルもアマゾン川に桟橋をかけて、その上に建っているっていう。

――それまた凄い環境ですね。

うん、凄まじかったですよ。恐竜時代かと思いましたもん。桟橋からアマゾンの夕日を見てると、そのあたりから恐竜が出てきて食われるんじゃないかって。それに見たことのない始祖鳥みたいなのが飛んでたり、ふつうにワニが泳いでたり、野生の猿がいたりとか。そういえば、到着したときはまだ会場ができてなかったな。それから2～3日後に試合だったんですけど、その試合開始時間も遅くて、自分の出番のときには深夜0時を超えてましたからね。

――真夜中にジャングルの奥地で試合をするっていうのも得難い経験ですよね。

しかも控え室にいたら、エヴァンゲリスタ・サイボーグ（ＰＲＩＤＥやパンクラスにも参戦経験のある総合格闘家）が歌ったり踊ったり拝んだり、とにかく試合前の儀式が凄いんですよ。もともと、エヴァンゲリスタっていう名前はキリスト教に関係があるみたいで。あとは、足もとを見ればふつうにタランチュラが歩いてるし、見たことないようなデカいキノコは生えてるし。

――もはや冒険マンガみたいな世界ですね（笑）。

ホントですよ。で、拳にテーピングしてたら、ほかの選手たちが寄ってきて「俺にもやってくれ！」って頼まれ始めて、「そんなにテープねえよ！」とか思って。

――試合前からそんな状況だった、と。このときに中邑さんが対戦したのは〝ハリウッドの用心棒〟シェーン・アイトナーでしたね。

当時、シェーンはバウンサーをやっていて、いまは旅人になってるらしいですね。

――え、旅人ですか？

フフフ。そもそも、彼は俺のアメリカでの兄貴分みたいな人だったんですよ。ふつうにスパーも強いんですけど、試合になると緊張してまったく動けなくなる人で。

――たしかに結果は中邑さんが1R4分29秒、キーロックで勝利してますが、振り返っていかがですか?

そのときは試合中、観客から俺に声援が飛んだんですよ。「ミーコ! ミーコ!」って。俺もそれがなんのことかわからなくて、試合後にポルトガル語がわかるやつに聞いたら、「ミコレオンのことだよ」って聞いて。ミコレオンっていうのは金色の毛の小猿のことなんですけど、俺が当時、ちょっと茶髪のボサボサでヒゲ生やしてたから。

――中邑さんの見た目からそういうチャントが起きた、と。

あと、よく覚えてるのが、大会が終わったのが真夜中の3時とかだったと思うんですけど、観客が電灯もついてないカヌーで、真っ暗なアマゾンを帰っていくんですよ。「え、アレ見えてんのか? どこに帰るんだろう?」とか思って。あの光景は不思議でしょうがなかったですね。

――その後、ブラジルでのスケジュールは?

大会翌日に観光ということで、リオ・デ・ジャネイロに移動したんですよ。そこにLA道場みたいな感じで、イズマイウとシュートボクセの人が一緒にジムを作ることになってたので、そこまで練習に行って。

――ブラジルでも練習をされたんですね。

『ジャングル・ファイト』の会場は、ホテルのある桟橋に無理矢理作られたものだったとか。

はい、そのときはサイボーグとかヒカルド・モラエス（新日本にも参戦したこともある総合格闘家）と練習して。本当はブラジリアン・トップチーム（かつてPRIDEで活躍したアントニオ・ホドリゴ・ノゲイラが所属したチーム）のところにも行きたいと思ったんですけど、そっちはイズマイウと仲が悪いからNGって言われて。でも、たしかノゲイラがマナウスまで猪木さんに会いに来てたかな？

――ああ、その映像は『ワールドプロレスリング』でも放送されましたね。リオでほかに思い出は？

リオに到着したのが夜だったんですけど、目の前に広がる丘が、シャンデリアみたいにもの凄くきれいなんですよ。「なんだ、アレは⁉」と思ったら、添乗員が「あれはファベーラといって、スラム街です」って説明されて。

――映画『シティ・オブ・ゴッド』（ファベーラで強盗や麻薬ディーラーなどをして稼ぐ子どもたちの抗争を描いた映画）の舞台になった場所ですよね。

そうそう。で、「観光バスが迷い込んだりすると強盗にあったりレイプされたり、非常に危険な場所です」と。たしかに夜は幻想的で綺麗な場所に見えたんですけど、昼間に見ると凄く汚いんですよ。丘のなかにレンガの家がいっぱい建っていて。そういうのを見ていたら、また俺の発作みたいなのが始まって、実際に単独で足を運ぶんですけどね。

――ファベーラには会社の許可を取って？

そうですね。猪木さんのOKをもらえば問題ないと思って、「このまま残って練習していきたいです」って伝えたら、猪木さんが「しょうがねえな、いいぞ」ってことで、次のシリーズが始まるまでには帰って来るという約束をして。まあ、単純に興味本位でファベーラをのぞきたかっただけなんですけどね。

――実際のファベーラはいかがでしたか？

まず、タクシーの運転手に「連れてってくれ」って交渉しても、みんな「無理無理！」ってNGなんですよ。物騒だから観光客なんか誰も行かないところですからね。でも「行ってもいいよ。そのかわり200ドルくれ」ってヤツがいたんですよ。コッチも「取るねえ」と思いながらも、とりあえず払って。そのときに驚いたのが、レンガ作りの家の上にガラスが置いてあるんですよ。なんでかっていうと、1階より2階のほうが安全だからって、勝手にウチを作るヤツがいるらしくて。

――え、そんな人がいるんですか？

まあ、そういうのも見ながら「でも、意外とちゃんとした商店もあったりして、街にはなってるんだ」とか思って。それで運転手に「ちょっとなら外に出てもいいよ」って言われたので、少し写真を撮ったりして。でも、あんまり危険な目には遭ってないので、そこまでのカルチャーショックは受けなかったですけどね。あとはヒカルド・デラヒーバ（ノゲイラの師匠にあたるブラジリアン柔術の猛者）の道場とかにも行きましたよ。そこでスパーをガンガンやって。

――当時、プロレスはもちろん、格闘技の世界でもブラジルに渡って、そこまで柔術の練習をやった人もなかなかいないでしょうね。

そうだと思いますよ。で、現地の柔術系のショップに行ったら、「日本語で俺の名前を書いてもらえないか？」とか言われるんですよ。要は身体にタトゥーで彫るために。あとは「漢字で当て字にしてくれ」とか言われたので、適当に書いたりね、フフフ。

――愚零闘武多（グレート・ムタ）みたいな感じですかね（笑）。そこから日本に帰国を？

いや、経由地だったんでロスにも寄ったんですよ、トレーニングをやりに。なんとなく英語もできるようになってきた頃で、キング・オブ・ザ・ケージ（アメリカの総合格闘技イベント）やUFCも観に行きましたね。

Chapter

8

アレクセイ・イグナショフ戦

2003.10-2004.1

最初のイグナショフ戦は、
リングの上が公平だと思っていた
自分がバカでした。

新日正規軍vs真猪木軍

――そうして中邑さんが独自の道を突き進み、キャリアを重ねていくなかで、とくにほかの選手と立ち位置が違うということを印象づけたのが、03年10月13日の東京ドーム大会だったと思います。このときのメインは新日正規軍と〝真猪木軍〟を名乗った外敵軍の10人タッグイリミネーションでしたけど、中邑さんは正規軍ではなく、真猪木軍のほうに組み込まれて（カードは坂口征二&天山広吉&永田裕志&中西学&棚橋弘至vs髙山善廣&藤田和之&鈴木みのる&ボブ・サップ&中邑）。

そうですね。まあ、おいしかったんじゃないですか？　でも、それも自分にとってはふつうだったんだとしか言いようがないですよ。周りに「なんでおまえは？」って言われたところで、「知るかよ」って突っぱねるしかなかったですし。まあ、俺にとって話がしやすいのがソッチだったってのもヘンな話ですけどね。

――要するに新日本本隊では浮いていた、と？

そういうことですね。自分からそういう環境を求めてたのは半分あると思いますけどね。周りと同じではいたくないっていうね。

——当時は中邑さんが「選ばれし神の子」と呼ばれていた時期でしたね。

まあ、そう言われる時点で猪木さんの肝入りっていう部分はどうしてもありましたからね。一緒に過ごす時期も短くはなかったし。いま振り返ってみると、あの個性が強烈なチームの中に新人の自分が組み込まれるっていうのは、非常に光栄だったとは思いますけど。

——あの試合では場外に落ちたら脱落というルールでしたけど、新日本を守るべく復帰を果たした坂口さん（当時・会長）を、中邑さんが真っ先にリング下に落として。

あのときは坂口征二のアトミックドロップを食らったんだよなあ。でも、そんなことにうれしさを感じるよりも、その頃はまだまだとんがってたんで、引退してる選手が出てくることのほうに違和感がありましたよ。でも、とにかくデカかったですね、坂口さん。だって、現役の誰よりもデカいんですから。

——よく選手権の立会人としてリングに立たれていましたけど、選手よりも大きいっていう（笑）。

だから、迫力は凄かったですよね。そこを体当たりでなんとかってところで。

——この新日本軍vs真猪木軍の試合前、棚橋さんが「まず中邑を倒す」とコメントしたことに対して、デビュー1年弱の中邑さんが「ドームのメインに出られるから浮かれてるんじゃないですか？」と返してるんで

試合後、中邑は髙山や藤田に「新日本なんて辞めちまえばいいんだ」と高評価を受ける。

すよね。ふてぶてしいというか（笑）。

ハハハ、オカダ・カズチカよりナチュラルにふてぶてしいですね（ニヤリ）。

——どうですか、自分みたいな後輩がいたら？

まあ、ブン殴ってるかな、フフフ。だから、オカダなんかを見ても、まだ「おお、かわいい、かわいい」って思っちゃうところはありますね。俺自身、若い頃はとんがりにとんがりまくってたけど、いまや何をされても言われても、論破できるだけのものや実績もあるし。ホント、自分に欠けているものから逃げずに、なんとか埋めようとしてきた結果が、いまなんだという自負はありますよ。

——外野から叩かれても、それを乗り越えているからいまがある、と。

うん、そういうものと前向きに向き合って、試行錯誤しながらどうにかしてきたんじゃないですかね。

——そうは言っても、たとえばネットの評判とかは気になったりしませんでしたか？

まあ、そんなものはボロクソに言われてるのがオチだしね。そこには「これはいい」って肯定よりも、ネガティブなものしかないわけじゃないですか？　それに対して「やっぱりな、わかってねえな」っていうのはありましたけど、「まあ、言わしておけばいいや」っていうのと、あとはどこかで「アンチがいればいるほど、そのうしろに自分のファンがいるんじゃないか？」っていう、希望的観測もありましたけどね。まあ、自分の支えになったのは、年配のかたなんかが「（総合格闘技を）やってくれてありがとう、プロレスの仇打ちをしてくれてありがとう」っていうような言葉をかけてくれたことですね。だから、とりあえず、ネットに関しては自分の不利益になるようなことは全部シャットダウンして、ガムシャラにやるしかなかったところはありますよ。

〝スーパー四面楚歌〟のＩＷＧＰ初戴冠

——この年の12月9日、中邑さんは天山さんを破って23歳の最年少でＩＷＧＰヘビー級王座を初戴冠します。このときも入場時に凄い顔つきだったのが印象深いというか。

あれは相当気合い入ってましたね。あのとき、俺のセコンドにはヤングライオンが総出でついたんですけど、ホントは誰もつきたくないわけですよ。だから、おそらく上の誰かから「おまえらつけよ、同期なんだから」みたいなこと言われたんでしょね。

——あのときの試合内容は覚えてますか？

たしか、あの試合の前に福岡のタッグマッチで肩を脱臼して、さらにそのあとに神戸で永田裕志とシングルでやって負けてるんですよ。それで治療に専念するため1カ月休みをもらって。で、その復帰と同時に会見が開かれて、ベルトへの挑戦が発表されたんですよね。まあ、さすがに「マジか!?」ってなりましたけど、単純に総合なんかで結果を出したことが評価されたってことでしょうね。

——外での活動が評価された、と。

だから、「こういう頂点の目指し方もありでしょ？」ってことですよ。ある種、自分のなかでも、来るモノに対しては結果を出してきたっていう自負はありましたから。それこそデビュー戦のときから。ほら、鳴り物入りのデビュー戦って、だいたい失敗するじゃないですか？　そこをクリアして、その前年の大晦日のダニエル・グレイシー戦、1・4ドーム、5月の『アルティメット・クラッシュ』、そして髙山善廣とのNWF王座戦。たとえ、負けたとしても評価が上がっていったのは、勝敗を超越した部分で何かを残してきたからだろうし、そういったものの積み重ねがI

IWGP初戴冠後、ヤングライオンと祝杯を挙げるも、どこか微妙な距離感が……。

ＷＧＰ挑戦に繋がったのかなと思います。まあでも、自分のことを好意的に見ているレスラーがいたようには、とても感じなかったですけどね。強いて言えば、当時の永田裕志や中西学はレスリング繋がりということで、気にかけてくれたとは思いますけど。

——プロレスの歴史を紐解いてもわかりますが、レスラーのジェラシーというのは難しい問題というか。たとえば、団体が潤うために、みんなで凄く売れる〝商品〟を作り上げるためにサポートしようという考えにはなりにくいんでしょうか？

そういう考え方は自分に余裕があるときじゃないとできないんじゃないですか？　レスラーは誰しも「俺が俺が」と思ってるわけだから、どこかで「どうにかアイツを潰してやろう」っていう心づもりはあると思いますよ。それが実力でどうにかできないのであれば、もしかしたら政治的になるのかもしれないし。まあ、いま振り返ると「そういうこともあっただろうな」ってところですかね。

——なるほど……。

やっぱり、俺からすれば「そんな口や態度に出さなくても」ってくらいに思ってましたから。ホント、スーパールーキー、〝スーパー四面楚歌〟って感じで。

――そういえばご自分の10周年記念DVDでも語ってましたよね。「この初戴冠のときは誰も祝福してくれなかった」って。

ヤングライオンが無理矢理に乾杯したっていうね。フフフ。まあ、べつにしょうがないことだと思ってたんで、それに対して不満とかはなかったですよ。

――〝選ばれし神の子〟は孤高だったんですね。中邑さんが腕ひしぎ逆十字固めで天山さんに勝利した瞬間、観客も唖然呆然としてましたよね。天山さん自身、その1カ月前にベルトを奪取したばかりだったことも、インパクトに拍車をかけたというか。

うん、あの瞬間、見事に会場はシーンとしてましたよね。「え、ホント？」っていうことですよね。まあ、だから余計に「中邑はチャンスを与えられている」っていう声もあったんでしょうけど、「その状況に耐えられる人間なんか、ほかにいなかったんだぜ？」とは思いますよ。

――自分だからこそできたことだ、と。デビュー最速、最年少でのベルト獲得に対して、周囲の反響はいかがでしたか？　たとえばご家族は？

単純にことの大きさをよくわかってなかったと思いますよ、プロレスの世界についてよく知らなかったから。でも、あの試合のときは地元から大阪まで観に来てくれた知り合いなんかもいましたね。なんか、あの勝った瞬間の場内の反応は鮮明に覚えてるんですよね。シーンとしてから、歓声が上がるまでに何秒間かタイムラグあって。

——それこそ、オカダさんがベルト初戴冠したときに勝るとも劣らないインパクトというか。

あと、あのときは大阪で獲ったじゃないですか？　だから、それを持って京都の姉のウチまで行ったんですよ。そこで産まれたばっかりの甥っ子と、一緒に写真撮りましたね。

イグナショフ戦は自分のアイデア

——このIWGPヘビー級王座初戴冠から一週間後の12月16日、この年の大晦日に開催されるK—1主催の『Dynamite!!』で、中邑さんはK—1ファイターのアレクセイ・イグナショフと総合格闘技ルールで対戦することが発表されますが、この一戦が決まったときの気持ちは？

やっぱり、ベルトこそ獲ったものの、まだ若くてキャリアも積んでないし、コッチとしては「何かをしなきゃいけない！」っていう衝動にかられまくってたわけですよ。要するにどうやったらこのベルトが輝くかってことで。それで当時の自分にしかできないことはなんなのかを考えたら、「この手段しかないな」っていうイメージだったというか。

——王者として、リスクの高い総合格闘技ルールの試合に臨む、と。

しかも、他ジャンルであるK－1のリング、アウェーの舞台に立つっていうね。もう、コッチは内外に気を吐いて行かなきゃいけないわけですから、もの凄くリスクの高い博打を打たないとってところで、その選択をした感じですね。

——チャンピオンを出すという点では、会社自体も攻めの姿勢だったというか。

まあ、そうですね。上井文彦しかり、そういうところはあったと思いますよ。ＩＷＧＰヘビー級王者が総合格闘技の舞台に乗り込むなんて、いまでは考えられないことでしょうね。

——この試合に関して、中邑さんには断る選択肢はなかったんですか？

……というか、たしか、俺自身のアイデアだったと思うんですよね。

——え、そうなんですか⁉

ディテールはよく覚えてないですけど、最終的に決断したのは自分だと思います。おそらく、俺が「こういうふうにしたらおもしろいんじゃないですか？」と思って上井さんに話したことを、彼が自分のアイデアだと思い込んで、勘違いしたまま進めたんじゃないですかね。

――さすが、押しが強いと言われる上井さんです（笑）。

そういえば俺、こういうことで一回、上井さんと意思疎通が図れなくなったというか、不穏な関係になったことがあったんですよ。要は俺のアイデアを上井さんが先に口走って、勝手に専門誌とかに載っちゃうことが続いて、コッチの不信感が募っていったというか。まあ、俺も調子に乗っていた部分はあったのかもしれないですけどね、何しろ全方位的にとんがってた頃なんで。

――敵だろうが味方だろうが（笑）。しかし、その当時のイグナショフといえば、中邑さんが勝利したノルキヤとも格が違うというか、K―1ワールドGPで優勝候補に挙げられていた選手ですし、相当リスキーですよね。

もう、超ブイブイ言わせてた頃ですよね。ちまたのキックボクサーのあいだでは、イグナショフについて「あれが完成型だ」って言われてたらしいですから。若いのに加えてリーチも技術もあって、身体のバランスも整っていて。

――あの一戦に向けた練習環境というのは？

もう、とにかく時間がなかったんですよ。巡業が12月中旬に終わって、そこから和術慧舟會の人たちと練習して。周囲も俺本人には言わなかったですけど、「中邑にはちょっと無理じゃないか？」っていう声はあったみたいですね。イグナショフもMMAデビューだったそうですけど、アッチにはマルコ・ジャラ（ミルコ・クロコップの総合コーチを務めたこともある格闘家）っていう柔術の選手がコーチについて、さらに中尾〝KISS〟芳広（アテネ五輪レスリング代表候補から総合格闘家に転向）と、けっこうスパーも積んでたみたいで。

——K―1サイドのサポート態勢も抜かりがなかった、と。結果的には3R、イグナショフが中邑さんのタックルにヒザ蹴りを合わせてダウンを奪い、そのままレフェリーがTKOを宣告。後日、新日本サイドの抗議で無効試合になりましたけど、あの一戦を振り返っていかがですか？

まず、何よりも緊張してましたね。やっぱり、心のコントロールができてなくて、頭に血が上ってたというか。正直、恐怖というのもありましたよ。この歴史の詰まったベルトを巻いていくことが、もの凄くリスクが高いということは重々わかっていたにしろ。

——入場時も前奏で『ワールドプロレスリング』のテーマ曲を使用して、新日本を背負うというのが色濃く打ち出されていたというか。

そうそう。あの試合は凄かったな……。そもそも、セコンドに慧舟會勢のほかに、山本をつけたのが失敗でしたね、フフフ。

――また、山本さんをネタに（笑）。あの試合中、勝機を感じた場面は？

う〜ん。やっぱり、相手は2メートル級の選手ですから、こっちがテイクダウンしても下からの力がハンパなかったんですよ。あとは、コッチの身体が緊張で硬くなっていたので、向こうからしたらコントロールしやすくなってたとは思います。それでなかなかサイドポジションも取れず、パスガードしようにも力で押し返されちゃうかたちになって。試合中に焦りはありましたね。

――その焦りのなかで、タックルにヒザを合わせられた感じですか？

でも、そのヒザも最初はタイミングは合ってなかったんですよ。あの頃の俺のタックルはスピードも凄く早かったし。少ない練習時間のなかで、スピードをあげるための走り込みをやって、身体自体も絞ってましたからね。あとは、たとえタックルでテイクダウンしてコッチが「さあ、ジックリいこう」と思っても、すぐにスタンドに戻されたのもきつかったですし。

――確かにあのときにヒザを合わせられたのも、じつに10本目のタックルでのことだったんですよね。そのあいだにイグナショフもタイミングを計ることができたというか、ルール的には向こうが有利だったきらいはあります。

まあ、結局のところは自分の考えが甘かったんだと思いますよ。アウェーで試合をすることのリスクの高さに対する認識や、リングの上が公平だと思ってた自分がバカだったというか。この試合に関してはリングの内外で、他流試合に対するとらえ方が青かったなっていうのはありますね。

納得するまでやらせてくれ！

——あのイグナショフ戦ではレフェリーに試合を止められた直後、中邑さんは凄い剣幕で抗議してましたよね。

「オイオイ、待てよ！」ってね。まあ、もともと、あの試合ではイグナショフと自分のあいだに体重差があったんで、少しでもリスクを回避するために、手足をついた4点ポジションからの攻撃を禁止にしてたんですよ。でも、相手はそのルールもちゃんと把握してないのか、お構いなしという感じで。俺、2Rで4点ポジションのときにサッカーボールキックを顔面に食らってますから。その一撃でこっちは鼻にヒビが入ったんですけど、テレビの放送では2Rがカットされたんですよ。だから、映像を観ると1Rから3Rになって、いきなり俺の顔が凄く腫れてるっていうね（苦笑）。

――まるで反則を隠蔽するかのように（笑）。

あとはやっぱり、何度コッチがタックルでテイクダウンしても、すぐにブレイクになって、「またかよ～」っていうね。あのときの喪失感っていったらないですから。

――タックルを仕掛ける時点で相当スタミナをロスするわけですよね。

そうそう。それでスタミナがなくなって、向こうの目もコッチの動きに慣れてきたところで、タックルにヒザを「バチーン！」と合わせられた、と。あの当たった瞬間、よく覚えてるんですよね。自分のなかでタックルにいった瞬間に、「これはヒザが来るぞ！」っていう感覚があって、そこから風景がスローモーションになっていって。

――時間がゆっくり流れ出した、と。

そうですね。段々とヒザが近づいてくるなかで「ヤバいな、どう回避しよう？　でも、この勢いだと避けられないから、アゴを引くしかないな」っていう判断をして。だから、あのときにヒットしたのはアゴっていうよりも、額だったと思うんですけど。

――だから、ダウン後もすぐに立ち上がれたのかもしれないですね。

イグナショフ戦後、その結果への不満を訴え、なかなかリングを降りようとしない中邑。

でしょうね。で、当たった瞬間に「やっぱり当たったか……、セコンドが何か叫んでるな」とか、「これで倒れたらプロレスファンに面目が立たないな」とか「会社からは怒られるんだろうな」とか、倒れ込むときのスローモーションのなかで、走馬燈みたいに凄くいろいろ考えちゃって。それからマットに身体が着いた瞬間に、時間が戻ったんですよ。それですぐに立ち上がったんですけど、レフェリーは「2Rの時点で顔が腫れてたし、もう無理だ」と。コッチは「ふざけんじゃねえよ!」と思って猛抗議したんですけど、あとから考えれば、やっぱり俺が甘かったなと思いますよ。まず、アウェーの時点で向こうが有利なルールなのはあたりまえで、どうにかして俺を負けさせるように仕組まれているというか。それはボクシングやキックボクシング、プロの世界では当然であるにもかかわらず、なぜか自分のなかで「リングの上では公平が保たれている」という、アマチュア精神が出ちゃったんでしょうね。もちろん、アマの世界でもそういうことは起こりえますし、それがプロならなおさらなわけで。

——この試合前、猪木さんと会話は?

とりあえず、猪木さんは俺に神戸のほうに出てほしかったみたいですね。

——同日に『INOKI BOM-BA-YE』を神戸ウィングスタジアムで開催してたんですよね。

だから、会社からも「名古屋で勝ったら、その足で神戸に行け」とは言われてたんですけどね。まあ、あの一戦は自分の経験不足が露呈した試合ってことですよ。でも、そのときのふて腐れた自分の勢いというか、猛抗議をして無効試合にまで持っていって。

――退場するときに中邑さん、「負けてねーよ!」って叫んでましたもんね。

もう、ただただ、怒りですよね。とりあえず、「ここでヘタったらダメだ!」と思ったんですよ。試合が終わった瞬間、「ここでショボンとしてたらプロレスが! IWGPが!」っていう意識があったので、「納得するまでやらせてくれ!」っていう感じで。あとは「大人は汚いぞ!」って気持ちもありつつ(笑)。

――「仕組まれた!」と(笑)。上井さんも猛抗議してましたよね、「新日本は負けを認めていない!」と。

上井さん、アタフタしてましたよね。俺も「負けてません、この言葉になんの後ろめたさもありません」ってコメントを出して。もちろん、勝たなかった自分が悪いんですけど、そういう青っぽさも若さのウチかなと思いますね。

――その会見後に病院に行ったんですか?

そうですね。セコンドに「顔面が腫れてるから鼻が折れてるんじゃないか?」って言われたんで医務室に行ったんですけど、なぜか高須クリニックの院長がいたんですよ。

――美容整形でおなじみの（笑）

だから、「オイオイ、大丈夫かよ?」と思いつつも診てもらったら、「折れてるね～」って言われて、「俺は折れてないと思います」とか返して。結局、救急車で病院に行ったら折れてこそないものの、ヒビは入ってましたね。医者も「冷やすしか処置のしようがない」ってことだったんで、ホテルに帰ってから一人で部屋にこもって、「チクショー」って悔し泣きをして。

――いろんな思いが去来したんでしょうね。

このとき、セコンド陣が試合後に会場近くにメシを食べに行ったら、この試合を観戦していた客がいたらしくて、「プロレスファンが泣いてたぜ」っていうのも聞いたりしてね。とにかく、「クソ～!」と思いながら年を越したのをよく覚えてますね。

満身創痍の王座統一戦

――このイグナショフ戦からわずか4日後、04年の1・4東京ドーム大会のメインで、中邑さんは高山さんと対峙します。このときは中邑さんのＩＷＧＰヘビー級王座、そして髙山さんのＮＷＦ世界王座をかけたダブルタイトルマッチという大一番で。

あのときはもう、試合前から頭のなかは何がなんだかわからないような状況でしたね。とりあえず、イグナショフ戦で恥も何もさらしてしまったわけで。でも、とにかく、前を見て歩くしかないって思ってましたよ。誰かが助けてくれるわけじゃないし。そういうなかで、髙山善廣が容赦なく俺の顔面を殴る蹴るしてきたわけですよ。

――あのときの中邑さんはイグナショフ戦の代償として鼻にヒビが入った状態で、さらに目の周りは充血して腫れていて、見るからに異常事態というか。格闘技だったらドクターストップがかかってもおかしくない状況でしたよね。

まあ、あの頃はゆるかったって言ったらおかしいですけど、いまの時代だったらどうなってたかはわからないですね。

――じつは髙山さんも中邑さんがイグナショフと戦った同じ大晦日に、『ＩＮＯＫＩ　ＢＯＭ－ＢＡ－ＹＥ』でミルコ・クロコップ戦が予定されていたのに、結局その試合がなくなったんですよね。それで、無傷だったから元気いっぱいだったっていう（苦笑）。

フフフ。まあでも、あの髙山さんの蹴りとパンチで、自分の実力以上のものが呼び覚まされたって部分はあると思いますね。そのとき、自分はＩＷＧＰこそ持ってましたけど「もう自分には何もない」っていうくらいの心境で、人間・中邑真輔としてギリギリのラインだったわけですよ。自分自身の情けなさに対して、気持ちがギリギリだった。でも、そのときに心にこびりついていた、そういうマイナスを髙山さんが一発一発の重いパンチや重い蹴りで、振り払ってくれたんじゃないかって。

――あの壮絶な試合を、そういう捉えかたをしているわけですね。

ホント、あの頃は血反吐吐こうが、地面に這いつくばろうが、なんとしてでも前に進むしかないと思ってましたから。たとえほかの人間になんと言われようが、レスラーからも、社員からも、それこそファンからも。もともと、俺に肯定的じゃない人間は「それ見たことか、中邑の野郎！」って思ってたでしょうしね。でも、そんなにあのイグナショフ戦をマイナスにとらえる人ばっかりじゃなかったのも事実で、あの髙山戦のときは声援もあったし。

――やっぱり、観る側も若き王者に対して「この試練を乗り越えてくれ！」っていう部分はあったんでしょうね。

個人的にあの髙山戦は、内容的にはとてもじゃないけどっていうレベルだったんですけど、いまだによく「あの試合が感動した」って言われるんですよね。だから、きっと気持ちや精神的なもの、必死に生きようとしてるサマが出てたのかなって思いますね。ボロボロのなかでも何かをつかもうとする部分が。

――それだけ伝わる試合だった、と。この試合後、中邑さんはコメントブースで「今日は死んでもいいと思ってた」とまで言ってるんですよね。

いや、ホントそうですよ。生きるのに必死っていう部分が観られるのもプロレスの魅力なんだなっていうのは、この試合を通して実感しましたね。

――さて、この髙山戦で勝利を収めた中邑さんは、獲得したNWF世界王座の封印を宣言されますが、これはどういう思いで?

まあ、結局はIWGPの最初の理念に基づいたというか。世界に乱立したベルトを統一するというところから、インターナショナル・レスリング・グランプリっていう、英語とフランス語がゴチャマゼになったタイトルができた、と。だったら、IWGPが一番ということを証明したんだから封印だってことですね。

――そして、この試合後、満身創痍の中邑さんは治療に専念すべく入院されます。

まあ、あのときは「さすがに中邑、ヤバイな」という会社の判断ですよね。中邑という素材が壊れちゃうという判断が下ったのか、ちょうど藤波さんが胆石だったから、一緒に入院しようってなったのか。フフフ。

――まあ、会社の意向として「とにかく休んでくれ」ってことですよね。

そうですね。さすがに検査をしなさいとなって、一週間は入院して。でも、そのあいだも考えたのは、大晦日の試合の落とし前をどうするべきかってことでしたよ。自分がＩＷＧＰのベルトを獲った瞬間、「自分にしかできないことをやろう、ＩＷＧＰを世に知らしめよう」としてとった行動から、大事件を引き起こしてしまったわけですから。

――この入院中、励ましのファンレターなんかも多かったんじゃないですか？

多かったですね。やっぱり、それだけファンからすればショックだったってことだと思いますし。でも、そのときは正直、どう反応していいかわからなかったですよね。

――イグナショフ戦の代償はデビュー1年弱の若き王者が、一人で背負うには大きすぎるというか。

でも、一人でなんとかしないといけないわけで。だから、入院しているときに大学時代の友だちが見舞いに来てくれたのはありがたかったですね。検査も無事に終わってから、病院を抜け出してボウリングとかにも行ったし。そうやって徐々にメンタルのほうも回復させていきましたね。

KING OF STRONG STYLE

Chapter

9

決死の覚悟・運命の再戦

2004.1-2004.5

1980 2004

このままプロレスを続けて
いいのかとか考えたし、
そのくらいプロレスを守りたい、
プロレスが好きだったわけで。

〝雀鬼〟桜井章一との出会い

――中邑さんは退院されてから打倒イグナショフに向けて渡米されますよね?

そうなんですけど、その直前に俺、桜井章一さんを紹介されてるんですよ。これが俺にとっての大きな出会いになるわけですけど。

――そもそも、桜井さんとは上井さんを通してお知り合いになったとか?

そうそう、上井さんから「いまの真輔に会わせたいおもしろい人がいる」っていうことで、俺は何もわからない状態で東京の町田にある桜井さんの麻雀道場に連れていかれたんです。上井さんには「そこで桜井さんと話をしてみろ」って言われたんですけど、「いや、なんの話すればいいんだよ?」とか思って。

――全然乗り気じゃなかった、と。そもそも、桜井さんのことはご存じだったんですか?

いや、知らなかったんです。で、桜井さんの道場に到着して、上井さんは「桜井先生!」みたいに持ち上げてるんですけど、俺にしたら、〝ただの知らないおじいちゃん〟っていう感覚で。とりあえず、少し桜井さんと会話をしてみたら、すかさず「まず、おまえは人の話を聞こうとしてない」と注意されたのを覚えていますね。あとは「コップにたとえれば、おまえは水がいっぱいいっぱいでこぼれてんだよ。まずは自分で無理矢理にでも余裕があると思い込め」ってアドバイスをもらって。それから他愛ない話を続けていくうちに「あ、この人、おもしれえな」って思ったんです。

——なんでも、桜井さんは中邑さんの第一印象として「生意気なガキだな。ブン殴ってやろうかな」と思っていたらしいですね（笑）。

そうみたいですね（笑）。俺も失礼のないようにとは思いながらも、自分の中では「知らないおじいちゃんと何を話すんだろう？」っていう部分がありましたし、それが表面に出ちゃってたんでしょうね。俺も当時はいっぱいいっぱいでしたから、心に余裕がなかったというか。でも、そこで桜井さんとしゃべっていくうちに、なんか緊張感とか、いろいろと心の余分なものが取れていって。

——憑きものが取れるように。

だから、桜井さんはいい意味で「ヘンな人だな」という感じでしたね。そこで俺、初対面の桜井さんに対して「こういうヘンな人、好きですよ」って言っちゃったんですよ（笑）。そうした

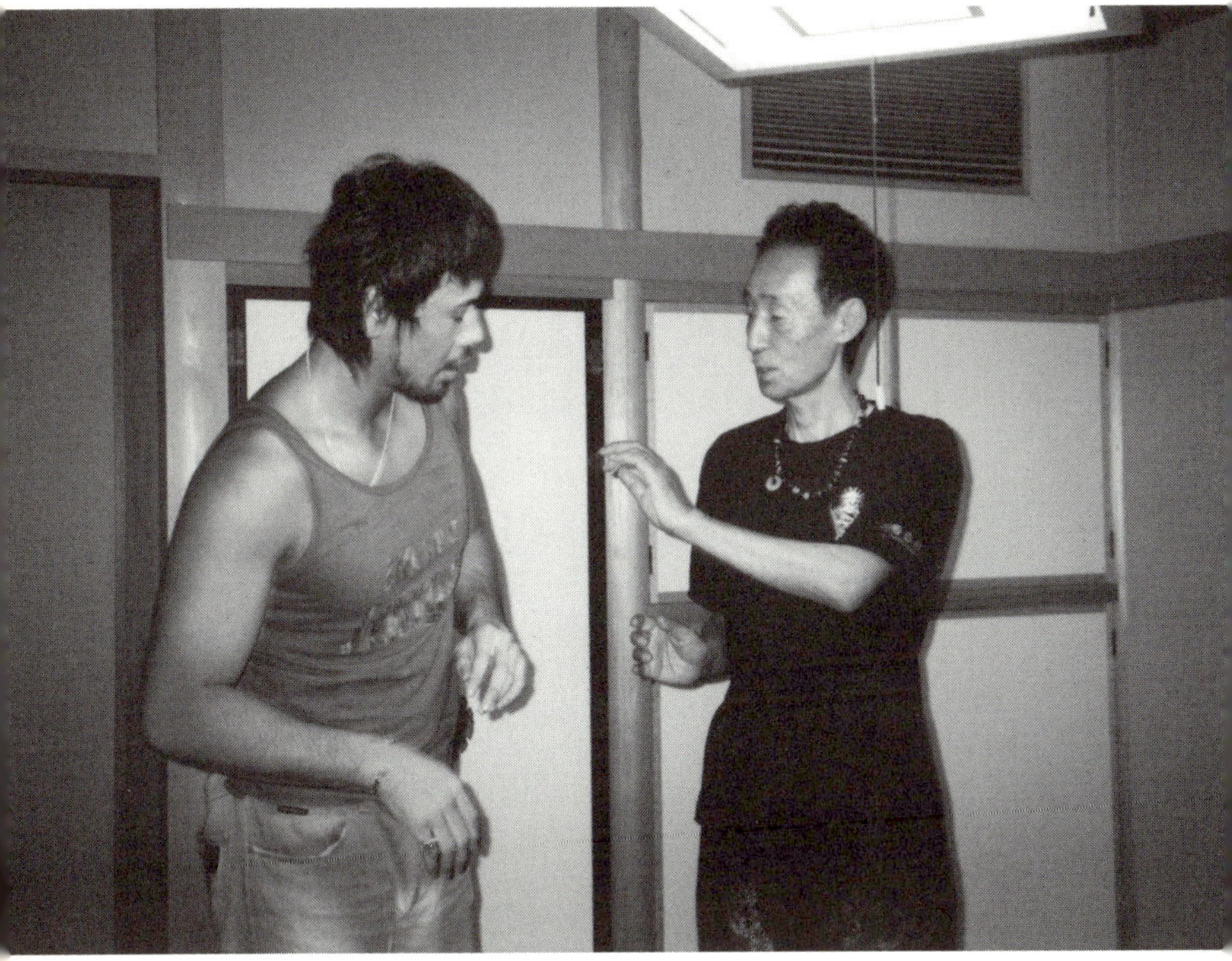

桜井章一氏からはこれまでに多くの教えを受けたという中邑。

ら桜井さんが弟子たちに向かって、「おい、おまえら！　コイツ、俺のことヘンなおじさんって言ったぞ!?」とか言ったら、みんなが「何を!?」みたいな感じになって囲まれたんで、「アレ、俺、殺されるの？」とか思いましたけどね、フフフ。

——ハハハ。

そんなやりとりのなかで桜井さんも、「コイツ、おもしろいガキだな」って思ってくれたのかもしれないですね。そこからいまに至るまでの付き合いが生まれて。まあ、そのときはそれっきりで、すぐに渡米しちゃったんですけど。

——中邑さんにとって、いい出会いだったわけですね。

そうですね。追い詰められていた自分に余裕が戻ってきて、何かを吸収しようとする力が戻ったのかなと思いましたね。

気難しいジョシュ・バーネット

——そして、中邑さんはイグナショフとの再戦に向けて渡米されますが、これは単純に特訓ということですよね？

それもあるし、あとは「シリーズを休め」ってことですね。たしか、この渡米は会社から言われたことだったんで、イグナショフ戦に向けて集中しろ、と。やっぱり、当時はまだ道場暮らしでしたし、こっちとしては雑音の少ないアメリカで集中させてもらったほうが、ありがたいっていうのはありましたよ。そもそも、再戦は確実にモノにしないとっていうのもあったし。

――初戦の裁定は結果的にノーコンテストになりましたが、次戦はリベンジの意味合いが強かったわけですね。

で、現地では桜井さんのツテでヒクソンの道場で練習をするっていう話があったんですけど、結局はヒクソンサイドから現地入りして1カ月経っても連絡がなかったので「これは仕切り直さないとマズいぞ」となって。

――その待っているあいだの練習環境は？

LA道場やrAwチーム、あとは海岸沿いで練習してましたよ。パートナーはリコ・チャパレリやジョン・マーシュ（ホイス・グレイシーの打撃コーチを務め、UFCやPRIDEへの参戦経験を持つ総合格闘家）とか。あのときはリョートもいたかもしれないですね。

——中邑さんはデビュー前にLA道場で練習してたわけですし、「ナカムラがビッグになって帰ってきた！」みたいな感じだったんじゃないですか？

あいかわらずジャスティン・マッコリーに嫌がらせされたりね（苦笑）。まあ、とにかくヒクソンから連絡がないなら、自分から強くなれる環境を求めなきゃいけないということで、シアトルのマット・ヒューム（元総合格闘家で現在はＡＭＣパンクレイションを主宰。ＰＲＩＤＥやＤＲＥＡＭではジャッジも務めた）に世話になることに決めたんですけど。

——マットは総合格闘技の世界では名伯楽として知られてますよね。

やっぱり、分析力とかはもの凄いものがありましたよ。当時流行っていた柔術一辺倒じゃないというか、キックや足関節も上手で。俺はそこでパンクレイションの一般のクラスが終わったあとに、マットのプライベートレッスンを受けて。ただ、ジョシュに紹介してもらった宿泊先が、ジムから凄く遠かったんですよ。１４０㎞ぐらい離れたところで（苦笑）。

——それ、都心からだと伊豆まで行ける距離ですね（笑）。

まあ、単純にジョシュのウチから近かったってだけなんですけどね。さらに練習が休みのときは、ジョシュのウチの庭を掃除させられたりとか（苦笑）。まあ、ジョシュは日本オタクなんで、

『北斗の拳』とか日本の漫画なんかを貸してくれたんですけど、さすがに毎日ジムまで通うのにはつらくて、「悪いけどちょっと引っ越すわ」って言って。で、AMCパンクレイション近くのホテルに行ったら、ちょうど小路晃さんがいたんですよ。

――では、AMCパンクレイションではジョシュや小路さんと練習を？

そうですね、あとはモーリス・スミス（キックボクシングの元WKAヘビー級王者にして、元UFC世界ヘビー級王者。パンクラス時代の鈴木みのるが追い続けた実力者）もいたし。とにかく、俺はマットのプライベートレッスンを受けたくて。そういえば、日本のテレビが俺の撮影に来たときに、ええカッコしいのジョシュに仕掛けられたりもしましたよ。たとえば5分2Rでスパーをやるときに、こっちが1Rはテイクダウンして立たせなかったりすると、2Rではいきなり打撃をバコーンと入れてくるんで、コッチも「ヤベー、このペースでまともにやり続けてたら壊れるな」とか思いつつ（苦笑）。

――ジョシュというと我が強いというウワサは聞きますが、実際に難しい人なんですか？

なんか、俺には凄く対抗意識を持ってましたよね。「総合格闘技だったら負けない」っていう感覚はあったと思いますよ。

――ジョシュは、05年前後に新日本所属だったこともありますよね。

当時、俺も一緒に練習とかしましたけど、アイツ、先輩レスラーのいうことを聞かないんですよ。だから、結局はプロレスっていうものを深くは理解できてなかったと思いますね。まあ、あの頃の新日本も中途半端だった部分はあったと思いますよ。プロレスと総合格闘技をごっちゃ混ぜにしていたきらいはあったので。それでジョシュも何か勘違いをしちゃって、ビギナーなのに「プロレスはこういうものだ」っていう部分で、周りのアドバイスも聞かなかったっていう。

――なじもうとはしなかった、と。

まあでも、俺はお世話にはなりましたけどね。アイツはアメリカ人の割にはパワーファイターでもないし、繊細なコントロール技術や打撃のセンスもあったんで勉強にはなりましたし。総合格闘家としては一目置いてましたよ。

いちばんスゲェのはプロレスなんだよ！

――この渡米を経て、中邑さんは04年3月28日の両国国技館大会での天山戦で本格復帰を果たすわけですが、あのときにオープンフィンガーグローブをつけて入場したのを覚えていますか？

……あれ、俺がグローブを用意したんでしたっけ？

——そうです。それで天山さんにもグローブを投げつけて着用を迫るんですが、天山さんがそれを拒んで、中邑さんも自分のグローブを外すという流れがあって。

まあ、単純に挑発っていう部分だったんでしょうね。

——この試合は中邑さんが腕ひしぎ逆十字固めで勝利を収めていますが、中邑さんから見て天山さんはどういう存在ですか？

けっこう、自分の節目節目で対戦している相手なんですよね。IWGPヘビーを初めて獲ったときの相手だったし。やっぱり、当時キャリアの浅かった自分からすると、試合を通して天山広吉から吸収するものは多々あったなと思いますね。たとえば、間の取り方だったりとか。所詮、当時の自分はキャリア的に若手だから、試合中にアセるわけですよ。それを天山に軽くいなされたりしたのは覚えていますね。でも、そういうお互いのタイミングが合わない部分がスキとなって、自分が入り込めたっていう部分もあるとは思うんですけど。

——天山さんはレスラー間の評価も高いイメージがあるんですが？

まあ、バランスがいいってことですよね。パワーもあれば、ああ見えて意外と器用なところもあって。戦いのなかで感情も見えるし、ファンにしてみても応援しやすいタイプなのかもしれないですね。

——この天山戦が行なわれた大会では、ボブ・サップが佐々木健介さんを破り、IWGPヘビー級王座を奪取します。そして、この試合後、中邑さんが挑戦をアピールする際、いまに繋がるあの名フレーズが誕生しました。

「総合とかK—1とかよくわかんねえけど、いちばんスゲェのはプロレスなんだよ！」ってね。だから、この言葉一つ取ってみてもわかりますけど、当時の俺は総合格闘技寄りに見られることが多かったにもかかわらず、プロレスのことはまったく否定してないわけですよ。実際にプロレスが一番だと思っていたし、それこそ天山にグローブを投げつけたのも、「こんなのやるつもりねえんだよ！」っていう意味合いもあったと思いますし。あの言葉は俺のプロレスラーとしての意思表明ですね。

——このアピールを経て、中邑さんが5月3日の東京ドームでIWGPに挑戦することが決定します。

でも、あのときは観客から歓声と同時に「おまえで大丈夫か？」っていう反応も乱れ飛んでましたけどね。

――たしかに当時のサップは、総合格闘技とK―1、そしてプロレスを股にかけて〝時の人〟になってましたからね。そしてこの両国大会のあと、中邑さんは再びアメリカに戻って、イグナショフ戦に備えて調整に入ります。

そうですね。AMCパンクレイションに行って。やっぱり、同じ日本人である小路さんがいたのも大きかったですね。そういえば、なんか小路さんにアンドレ・ザ・ジャイアントの本を借りて読んだのを覚えてますよ。「そうか、アンドレは自分のウンコをハルク・ホーガンに見せて笑っていたのか」とかね（笑）。まあ、そんな感じで息抜きもしつつ。やっぱり一人で格闘技にのめり込んでいると息詰まってきますから、小路さんがいたのは精神面でもよかったと思いますね。

――そして、5月3日の東京ドーム大会でボブ・サップの保持するヘビー級王座に挑戦しますが、結果的にはサップのビーストボムの前に惜敗します。

当時はサップが一番勢いがあった頃ですよね。たしか、俺がブラジル遠征に行く前にサップと合同練習したことがあったんですよ。そのときに「あれ？　コイツ、本当に2mもある？」とは思いましたけどね。

——当初は205㎝と発表されてましたけど、少しサバを読んでいた、と（笑）。

まあでも、あの筋肉量の割に柔軟性がありましたね。ふつうにいいヤツでしたよ。エピソードとしては……ああ、俺に「日本の変態の女の子を紹介してくれ」って言ってましたね（笑）。人気者になって遊びたかったのかなんなのか。なんか、サップが女の子をナンパして自分の部屋番号を教えたらしいんですよ。そうしたら、その子が彼氏を連れてきたり、家族総出で来たりとかしたらしくて。

——記念撮影のために（笑）。レスラーとしてはいかがでした？

サップは最初、パワープラント（アメリカのプロレス団体WCWのレスラー養成所）にいたので、受け身はジョシュなんかよりも上手かったと思いますね。でも、これはサップがどうこうじゃなく、プロレスvsK—1っていう視点からすると当時はプロレスが食い物にされている部分は否めなかったので、いい気分はしなかったですよね。

——多少複雑な思いはあった、と。当時は新日本とK—1の交流も盛んでしたね。

まあ、当時はK—1の路線も変わりつつあったじゃないですか？　アスリート的なファイターよりも、サップみたいな見た目にわかりやすい選手が投入されて。どこかでK―1もマス向けの戦略を取らざるを得なかった部分もあったんでしょうし。そういう意味では新日本だけじゃなく、K―1のほうも迷走していたのかなって思いますけどね。そうやってお互い迷走しながらリンクしたというか、そういう時代だったのかな、と。

――ちなみにあのドーム大会では新日本vsK―1のシングル4番勝負が行なわれて、柴田さんがK―1の日本人エースだった武蔵さんと異種格闘技戦もあったんですよね。

それはいまいち覚えてないというか、試合順的に観てないんじゃないかな……。

テーマは笑顔でした

――そして、このサップ戦から約3週間後の5月22日、K―1主催のMMAイベント『ROMANEX』で、中邑さんはイグナショフとの運命の再戦を迎えます。

じつはあのサップ戦のあとにもう一度、AMCパンクレイションに最終調整として戻ってるんですよ。でも、たしかその試合当日はマット・ヒュームがほかのイベントでレフェリングの仕事があって、セコンドにつけなくなって。なので、二人でコーヒーを飲みながら、当日の作戦を入念に練ったのを覚えてますね。ヒュームが「もし、イグナショフがこうきた場合、おまえはこういう戦略が取れる。ハッキリ言って、おまえの実力からしたらイージーな試合になるはずだ」っていう感じでアドバイスをくれながら、一緒に試合をシミュレーションして。

――万全を期した、と。

それだけじゃなく、日本に帰ってからもう一回、桜井さんのところにも行くんですよ。そこで細かい指示をもらって。たとえば「足さばきは甲野のところで学んでこい」と言われて、八王子だかの山奥の甲野善紀さん（古武術研究家）の道場まで行きましたし。甲野さんには相手に悟られない近づきかた、気配を消す方法を半日、つきっきりで教えてもらいましたね。

――イグナショフ戦に備えて古武術まで取り入れたんですね。

それに桜井さん本人から教えてもらったこと、さらにシアトルで練習したことをミックスして、和術慧舟會で磨きをかけてから試合に臨んだ、と。

――03年大晦日の初戦に比べると準備は整ったという感じでしたか?

そうですね。やっぱりそのなかでも、桜井さんに教えてもらった精神コントロールが一番効果

初戦と比べて、精神面で雲泥の差があったという二度目のイグナショフ戦。

があったと思いますね。結局、ただ技術の練習だけをしていてもダメだったと思うんですよ。自分の心をどういうふうに持っていくかという部分で、桜井さんの話は非常に役に立ちましたね。それまでは自分のなかで「次に負けたら俺のキャリアは終わる」「連敗した時点で周りも『中邑はいらない』ってなるだろうな」って気負っていたので。

――プレッシャーに押しつぶされてもおかしくない状況というか。

ホント、そうですすよ。でも、そんな状況でも試合で緊張せず、しかもイグナショフにギロチンチョークで勝ったあとには「テーマは笑顔でした」なんて、ふざけたことを言ってね。

――あのときは中邑さん、入場時から笑顔でしたよね。

そうです、意識してニコニコしながら入ったんですよ。そうしたのは、もうすべて計算して考えられたことで、あの笑顔一つ作るにも意味があったんですね。まず、緊張して顔が引きつると、肩の筋肉が硬直してしまう。肩って、人間の身体のなかで一番動く関節なので、それが固まってしまうとすべての動きに悪影響が出てしまう、と。でも、口角がゆるむと肩の筋肉もゆるむわけですすよ。それによって、柔軟さも失われない、と。そこでテーマが「笑顔」になるっていうことですよね。

――あの笑顔の裏にはそこまでのテーマがあったんですね。

あと、桜井さんには「相手の目を見なくていい」って教えてもらいましたね。これは試合前ににらんだりするヤツもいるけど、自分のなかに必要のない情報を入れないためにも、相手のことなんか見なくていいってことで。ほかにも「おまえは誰と戦うかわかるか？　まず、自分自身との約束を守れ」って言われたんですよ。

――自分自身との約束、ですか？

どういうことかというと、「最初に何をするか決めて、それができたらおまえは約束を一つクリアしたことになる」って言われて。実際、あのときは「初戦は低いタックルでヒザを合わせられたから、今回はまず胴タックルをしよう」って自分と約束をして、それが成功したことで試合への意識も変わったんですね。

――なるほど。技術と並行して、精神的な戦法があったわけですね。

だから、あの再戦のときは、もはやイグナショフのことはどうでもよくなっていて、自分に課したことをできるかどうかっていう方向に意識は向いてましたね。相手が何をしてこようが、自分との戦いに心持ちが変わっていた。それが勝利に繋がったんだと思います。

緊張のコントロール

――いかにイグナショフ戦が中邑さんにとって負けられない試合だったのか、よく伝わってきましたが、そもそも新日本プロレス自体はイグナショフ戦についてどういう反応だったんですか？

いやもう、それこそコッチに対しては腫れ物的な感じだったと思いますよ。上井さんこそ「がんばれ！ がんばれ！」って言ってましたけど、会社のなかには「なんで中邑にそんなことさせるんだ？ ふつうに育てていけばいいのに」というところで、批判もあったと思いますし。でも、やっぱり自分で望んであの試合に挑んだところもあるわけで。もちろん、助平心として、もっと脚光を浴びたい、人と違うことがしたいという部分もあったし、あとは本当に強くなりたいっていう思いもありましたから。

――そして、大きなリスクを背負った結果、大きなリターンを勝ち得たというか。

そういうことですね。いやでも、このイグナショフ戦の前後は精神的に相当追い詰められていましたよ。せっかく、ファンの人から「がんばってください！」って千羽鶴をもらっても、どう返事をしたらいいのかわからない。だから、無視するみたいになっちゃって、「ああ、申しわけないな」と思ったりね。

――ファンへの顔向けという部分でも余裕がなかった、と。

うん、とにかくいっぱいいっぱいだった。だから、いろんなものに救いを求めていたし、あの試合前後は食事にも凄くうるさい時期とかありましたから。

――そういえば、一時期は玄米食に凄くこだわってましたよね？

そうそう。いま考えると、そこまでうるさくなくてよかったと思うんですけどね。「頭がおかしいヤツ」って見られちゃうくらい徹底してたから（笑）。まあ、なんでそこまでこだわったかというと、このイグナショフ戦にも通じるものがあるんですけど、まず俺の格闘技をやるうえでの大きなテーマが〝緊張のコントロール〟だったんですよ。

――緊張のコントロール、ですか？

はい。たとえば、中学のバスケでも、高校や大学のアマレスでも、大きな試合前になると俺は緊張状態に陥って吐いたりしていたわけですよ。そのたびに「なんて自分は精神的に弱いんだ！」って、けっこう思い悩んで。実際、高校のときなんかは周りからノミの心臓って言われてましたからね。

――それもなかなか想像がつかないですね。どうしても若い頃の中邑さんというと、何事にも物怖じしないふてぶてしいイメージがあるというか。

だから、プロレスラーはそういう弱々しい部分を出しちゃいけないと思って、強気で振る舞っていたってことですよね。たとえば、苦労して時間を掛けて結果を出したことでも、「べつに」ってポーズを取ってしまう。得なのか損なのかよくわからない性格というか。

――それは精神的にはしんどい作業ですよね。

そうだと思いますよ。いまでもそういう意地を張るところはありますし、「これが自分の性分なんだ」ってあきらめてますけどね（笑）。

――まるである種の業を背負うかのように（笑）。要するにその緊張のコントロールと食事管理が繋がるわけですか？

そういうことですね。そもそも、緊張が身体に及ぼす影響として、胃液の逆流だったり、心拍数を高めたりとかあるわけじゃないですか。そういった精神的な緊張を収めるために、メンタルトレーニングの本なんかを読んでも、実際にはなかなかうまくいかない。そういったところを探求していくなかで食事に行きついて、食べ物の本を読んだり、くわしい人に話を聞いたりして。

要は脳と食事にどんな関係性があるのかってことなんですよ。まず、なんで人が緊張するかというと、脳内にアドレナリンが分泌されすぎることが原因だ、と。そして、食事が肉食であったり、ケミカルなものの摂取が多かったりすると、そういうものが出やすいわけで。逆にリラックスするにはセロトニンが有効で、それは大豆みたいな植物性タンパク質を摂るといい、と。

――そういったことに気を配ると、自ずと菜食主義に近づくわけですね。

ちなみにアドレナリンが出ると交感神経が働くんですけど、アドレナリンが出すぎると、そのバランスを取ろうとして、今度は副交感神経が働いてくる。そうやって交感神経と副交感神経の釣り合いが取れないと、緊張が起きてくる、と。よく、試合のときなんかに「アドレナリンが出て興奮状態になる」とか聞きますけど、やっぱり練習時の冷静さを失うとダメだなっていうのは実感していたので。

――食事にこだわったのは、そこまで身体のメカニズムを研究されてのことだったんですね。

まあ、とにかく俺は小さい頃からビビリの泣き虫で、それをどうにかしたいという憧れから、プロレスや格闘技に興味を持ったわけじゃないですか。でも、試合をするときに緊張してしまう自分を、なんとか克服しようといろいろなアプローチをしていくなかで、食事にも繋がったということですね。

ここで負けたら人生が終わる

――このイグナショフ戦は中邑さんのキャリアのなかでも屈指の大一番だったというか。

うん、「ここで負けたら自分の人生は終わる」くらいに思ってましたからね。他流試合で負けた人間が、いけしゃあしゃあとプロレスを続けていいのかとか考えましたし、そのくらいプロレスを守りたい、プロレスが好きだったわけですし。

――大きなプレッシャーを背負って戦った、と。そういえば、中邑さんと同じように総合格闘技の試合に出場した永田さんが、「総合をやるにあたって、当時の新日本はそのための環境を整えてくれなかった」とおっしゃっていたんですよね。

まあ、自分の場合はなんとなく、総合の試合に出場するということを、皮膚感覚で理解していた部分はあると思いますね。和術慧舟會っていうところで、格闘技の世界にも首を突っ込んでたので。身近で試合に向けて減量したり、コンディションを整えていく選手も見てきたし、自分自身も慧舟會の興行の準備を手伝ったりもしていたし。

――自然と総合に臨む気構えや必要な準備を学んでいた、と。

だから、俺の場合は総合出場に対して環境を整えてくれない新日本のことを、そこまで悪いとかは思いませんでしたね。ここはプロレスの会社だからっていう割り切りもあったし。あとは結局、最終的な責任を負わされるのは自分という思いはあったので、できることはなんでもやってやるっていう感覚も備わっていたというか。とくにあのイグナショフ戦あたりから、試合に対して自分自身の意識が変わったっていうのはありますね。試合に向けての緊張とか、自分の精神に関する捉えかたとかは、あの試合が考えを深めるきっかけでしたね。

――中邑さんはこのイグナショフ戦を最後に総合の試合を行なっていませんが、「この一戦で落とし前をつけたらプロレスに専念する」という部分はありましたか?

やっぱり、ちょっとありましたね。どこかで新日本のリングで戦いたい、プロレスをやりたいという意識は。まあ、それも勝ったからこそですし、負けてたら俺はこの業界からいなくなってたでしょうしね。「これで負けてたらA級戦犯どころじゃねえな」って。大博打に勝った感じですよね。

――対するイグナショフはその後、K―1のトップ戦線から次第に低空飛行になっていって。

まあ、俺が勝ったがために、彼がK―1のなかでの戦犯になったってことでもないでしょうけど、とにかく他流試合というのはそのくらいリスクがつきまとうものというか。

――そういえば、このイグナショフ戦の前に、中邑さんから〝玄米ドライバー〟という謎の技を繰り出すという発言もありましたけど（笑）。

ああ、ありましたね。フフフ。「プロレスで使うと相手が死んでしまう」って言ったヤツですね。名前自体は当時、俺のなかでマクロビ（食生活法・食事療法の一種で、「玄米菜食」とも呼ばれる）が流行っていたので、そこから取ったネタみたいなもんですけど、実際に技として考えてはいたんですよ。まず、甲野先生直伝のすり足で相手に近づいて、ストンと自分の身体を落とす。そこから立ち上がると同時に相手の身体を持ち上げて、そこから振り回して首が折れるように落とすって技だったんですけど。

――結果的にその技を出すまでもなくイグナショフに勝利を収めた中邑さんは、試合後にマイクで「今日の試合のテーマは笑顔です」と同時に、「プロレスラーは強いんです！」というアピールをされましたけど、あのフレーズはもちろん……？（笑）。

フフフ。ホントは「いちばんスゲェのはプロレスなんだよ！」って言えばよかったんでしょうけど、自然に出ちゃったというかね。まあ、あの言葉自体は借り物っぽくなっちゃいましたけど、その言葉自体は俺もファンの頃からそう思っていたことなので。

——桜庭さんと同じ気持ちだった、と。この試合後はファンの反応も凄かったんじゃないですか？

「初戦の名古屋（03年12月31日）で泣いて、埼玉（04年5月22日）で笑った」とか、「プロレスを救ってくれてありがとう」っていう声は聞きましたね。いまでもファンに、このときの試合のことを話しかけられることもありますし。

——ちなみにK—1からはこれ以降、オファーはなかったんですか？

いや、この年も何度かあったみたいですけど、自分の耳までは届いてないです。たしか、秋山（成勲＝UFCなどで活躍した総合格闘家）選手との試合のオファーもあったのかな？

——秋山さんは同年の大晦日の『Dynamite!!』でK—1ファイターのフランソワ・ボタを相手にプロデビューしていますが、もしかしたらその対戦相手が中邑さんだったかもしれない、と。それはそれでかなりのドリームマッチですね。

でも、そのときはべつに乗り気にならなくて。やっぱり、プロレスに浸かれば浸かるほどその難しさを感じていた時期だったので、ソッチに専念したいという部分はあったんでしょうね。そういう意味でも、あのイグナショフ戦は自分のキャリアのなかで大きなターニングポイントになった試合だと思います。

（下巻に続く）

因縁の再戦は2R1分51秒、中邑がギロチンチョークで勝利を収めた。

本書は、新日本プロレスリングのスマートフォンサイト（http://sp.njpw.jp）にて
2012年6月から2013年8月まで連載された
「キング・オブ・ストロングスタイル―中邑真輔、人生を語る―」第一部をもとに、
大幅に加筆・修正し、構成しました。

SHINSUKE NAKAMURA HISTORY 1980.2-2004.5

1980	2月24日●京都府峰山町(現・京丹後市)で誕生する。
1986	4月●峰山町立峰山小学校に入学。
1992	4月●峰山町立峰山中学校に入学。バスケットボール部に所属する。
1995	4月●京都府立峰山高等学校に入学。レスリング部に所属し、全国大会やインターハイで上位入賞を果たす。
1998	3月●京都府立峰山高等学校を卒業。 4月●青山学院大学に入学。アマレス部に所属し、3年次にはキャプテンに就任。98年にJOC杯全日本ジュニア選手権フリースタイル83キロ級優勝、00年世界学生選手権予選フリー85キロ級3位、01年全日本選手権フリー97キロ級4位など、輝かしい成績を残す。
2001	9月●新日本プロレスの入門テストに合格。
2002	3月●青山学院大学を卒業後、新日本プロレスに入団。
	8月29日●日本武道館で「スーパールーキーデビュー戦」と題して、安田忠夫を相手にプロデビュー戦。新人らしからぬ動きで健闘を見せるも、フロントスリーパーで敗北(4分26秒)。
	9月●新日本プロレスLA道場を中心にアメリカに海外修行へ。
	12月31日●『INOKI BOM-BA-YE 2002』でダニエル・グレイシーと対戦。プロデビュー2戦目にして初の総合格闘技ルールでの試合となったが、腕ひしぎ十字固めで敗北(2R2分14秒)。
2003	1月4日●東京ドームで小原道由とのタッグで、安田&村上和成と対戦。流血に見舞われるも、安田からフロントネックロックでレフェリーストップ勝ち(7分12秒)。プロ3戦目にして初勝利を収める。
	2月1日●札幌・テイセンホールで行なわれたテイセンホール杯6人タッグトーナメントにヒロ斉藤、後藤達俊とのトリオで出場。決勝で髙山善廣&藤田ミノル&真壁伸也(現・刀義)を下して優勝を果たす。
	2月16日●両国国技館で村上和成と対戦。村上のケンカファイトに押され、逆十字固めでレフェリーストップ負け(6分28秒)。
	5月2日●東京ドームでヤン"ザ・ジャイアント"ノルキヤと総合格闘技ルールで対戦。ギロチンチョークで快勝(2R3分12秒)。
	6月13日●日本武道館で髙山の保持するNWFヘビー級王座に挑戦。デビュー10カ月での王座初挑戦に奮闘するも、ジャーマンスープレックスホールドで敗北(11分49秒)。
	7月21日●月寒グリーンドームで村上和成と対戦。ケンカファイトに真っ向から立ち向かうも、飛びつき逆十字固めで敗北(8分13秒)。
	8月10日●神戸ワールド記念ホールで開幕した『G1 CLIMAX』に初出場。公式戦では柴田勝頼と安田に勝利を収めるも、吉江豊、髙山、永田裕志に敗北を喫し、Bブロック2勝3敗の成績を残す(6人中同率4位)。
	8月24日●後楽園ホールで自身初の第1試合出場。後藤洋央紀と対戦し、ジャーマンスープレックスホールドで下す(7分24秒)。

2003	8月28日●大阪府立体育館で「中邑真輔デビュー1周年記念試合・無我体感」と題して西村修と対戦。足4の字固めで敗れる(15分42秒)。
	9月13日(現地時間)●ブラジルのアマゾナス州マナウスのアリアウ・タワー・ホテルで開催された『Jungle Fight 1』に出場。シェーン・アイトナーをアームロックで下す(1R4分29秒)。
	10月13日●東京ドームでの「新日本軍 VS 真猪木軍　イリミネーションマッチ」で真猪木軍として髙山&藤田和之&鈴木みのる&サップとタッグを結成。天山広吉&永田&中西学&棚橋弘至&坂口征二と対戦し、坂口をリングアウトで下す活躍を見せる。
	10月15日●鹿児島アリーナで開幕した『G1タッグリーグ』に、ブルー・ウルフとのタッグで出場。しかし、中邑が右肩亜脱臼でシリーズ途中より欠場。二つの不戦敗、一つの不戦勝を含め、3勝4敗に終わる(8チーム中同率6位)。
	11月3日●横浜アリーナでサップとのタッグで中西&西村と対戦。中邑がワキ固めで西村を下す(16分33秒)。
	12月9日●大阪府立体育館でIWGPヘビー級王座に初挑戦。王者・天山を逆十字固めで下し(12分08秒)、デビューわずか1年4カ月、若干23歳で第34代IWGPヘビー級王者となる。
	12月14日●名古屋レインボーホールで鈴木とのタッグで永田&ジョシュ・バーネットと対戦。ジョシュを丸め込んで勝利を収めた中邑は、マイクを握ると大晦日の『Dynamite!!』にベルトを持って出場することを宣言。
	12月31日●ナゴヤドームで開催されたK−1主催の『Dynamite!!』で、アレクセイ・イグナショフと総合ルールで対戦。3Rにイグナショフのヒザ蹴りを受けダウンすると、レフェリーは即座に中邑のTKO負けを宣告。しかし、中邑側からの抗議により、後日ジャッジが見直されて無効試合となる。
2004	1月4日●東京ドームでの「IWGPヘビー級王座&NWFヘビー級王座統一戦」で髙山と対戦。髙山の顔面集中攻撃に苦しむも、一瞬のスキをついてチキンウィングアームロックで勝利(13分55秒)。IWGPヘビー級王座初防衛と同時に二冠王となるも、後日NWF王座を封印。そして、精密検査のためにIWGPヘビー級王座も返上。
	2月〜3月●イグナショフとの再戦を見据え、特訓のためにシリーズを全休して渡米。
	3月27日●苗場プリンスホテルのブリザーディウムで鈴木とヤングライオンの3人掛けマッチに、飛び込みで出場。時間切れ引き分けとなる(5分00秒)。
	3月28日●両国国技館で天山と正式な復帰戦を行ない、三角締めから逆十字固めに移行して勝利(12分07秒)。また、この日のメインで佐々木健介を破りIWGPヘビー級王座を奪取したサップに対して、「K-1とか総合とか、よくわかんねえけどさ。調子に乗ってんじゃねえぞ。いちばんスゲェのはプロレスなんだよ!　5月3日、東京ドーム。オレが挑戦してやっから、首洗って待っとけ」と、マイクアピール。
	4月●シリーズを全休して渡米、ビッグマッチに向けて最終調整。
	5月3日●東京ドームでサップのIWGPヘビー級王座に挑戦。一進一退の攻防を繰り広げるが、ビーストボムの前に惜敗(12分31秒)。
	5月22日●K-1主催の『ROMANEX』で、イグナショフと総合格闘技ルールで再戦。ギロチンチョークで雪辱を晴らす(2R1分51秒)。試合後には「今日の試合のテーマは笑顔。今日はいい風が吹いていたから勝つことができました。応援、ありがとうございました。プロレスラーは強いんです」と、勝利のマイクアピール。

新日本プロレスブックス

中邑《なかむら》真輔《しんすけ》自伝《じでん》 キング・オブ・ストロングスタイル

KING OF STRONG STYLE 1980-2004

2014年6月1日　初版第1刷発行
2014年8月1日　　　　第2刷発行

著　者　中邑《なかむら》真輔《しんすけ》
装　丁　金井久幸（TwoThree）
写　真　大甲邦喜［カバー／巻頭グラビア］
　　　　山本正二［試合写真］
　　　　中邑真輔［私物］
聞き手・執筆　鈴木佑（TwoThree）
編　集　圓尾公佑
編集協力　真下義之（新日本プロレスリング）
営　業　雨宮吉雄、江口真太郎

協　力　新日本プロレスリング
発行人　三田浩生
発行所　株式会社イースト・プレス
東京都千代田区神田神保町2-4-7
久月神田ビル8F
TEL:03-5213-4700
FAX:03-5213-4701
http://www.eastpress.co.jp/
印刷所　中央精版印刷株式会社

ISBN978-4-7816-1194-5

SHINSUKE NAKAMURA PHOTO HISTORY 1980-2004

1980年2月24日、京都で産声を上げた中邑(A型、魚座)。自宅でのあどけない寝顔。

親戚一同が集まった七五三のお祝い。おめかしした中邑を抱っこしているのが、
プロレス好きになるきっかけを与えた祖母。

通園していた峰山幼稚園にて、ちょっとおすまし顔。
この頃から周囲の子どもたちと比べて身体が大きかった。

小学2年の運動会で、カメラに向かってひょうきんな表情。
「イスがアンティークなのが時代を感じさせますね。当時は校舎も木造でしたから」。

小学校6年生、京都府内で行なわれたスキー教室で。表情が少々強ばっている?

中学3年、福知山駐屯地での記念行事で、展示されていた大型バイクにまたがって。
「このあと、ヘリコプターにも乗ったのを覚えてますね」。

高校3年のインターハイでの一場面。堂々と勝ち名乗りを受ける姿が凛々しい。
このときは115kg級で3位の成績を残す。

大学１年、父が亡くなった直後の全日本ジュニア選手権で優勝。
この結果を受け、カザフスタンで開催されたアジアジュニア選手権の代表に選出。

「この対戦相手は吊りパンに国士舘って書いてあるんで、
おそらく後藤洋央紀なんじゃないかな、と」。

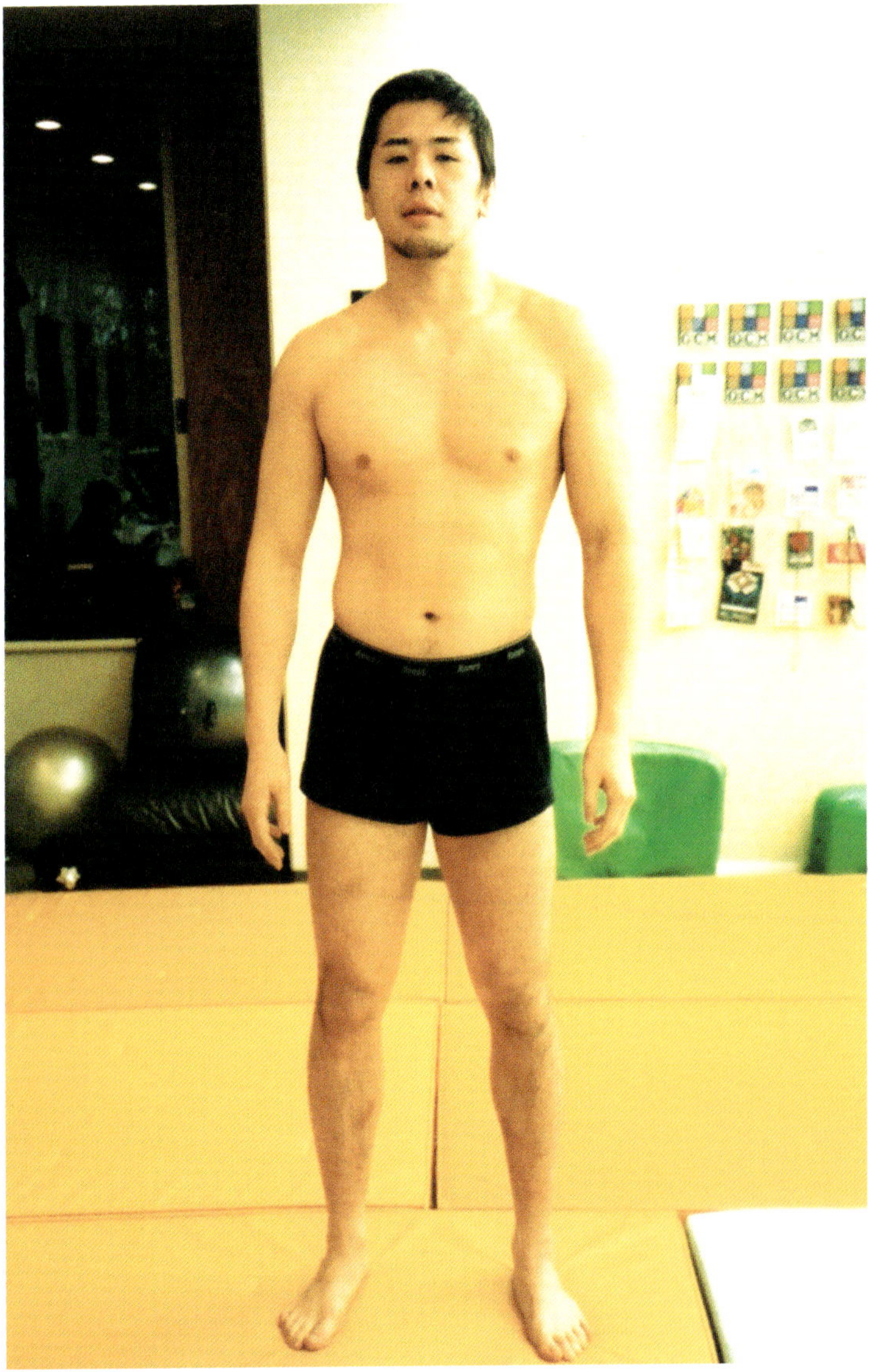

新日本入門直前、飯田橋にあった和術慧舟會系のジム「RJW」にて。
「当時、レスラーになるまでの身体の変化を定期的に写真に収めてたんです」。

02年8月29日、安田忠夫との"スーパールーキーデビュー戦"でのゴング直前の様子。
セコンドには中西学、永田裕志の姿が見える。

デビュー戦後、アメリカでの一枚。「サンタモニカで猪木さんにメシに誘われて、
顔を出してみたら、なぜかJJサニー千葉さん(千葉真一)がいたんです(笑)」。

02年、現在はWWEのトップレスラーであるダニエル・ブライアンとLA道場にて。
「彼とは一時期、アパートで同居もしていたので仲よかったですよ」。

LA道場でボクシング練習に励む中邑。「当時はこれ以外に出稽古も行きましたし、
とにかく技術を身につけるのに一生懸命でしたね」。

LA道場で、藤田和之とスパーリングを繰り広げる。
プロレスと総合、両方で活躍した先輩でもある藤田は、中邑の可能性を大いに買っていた。

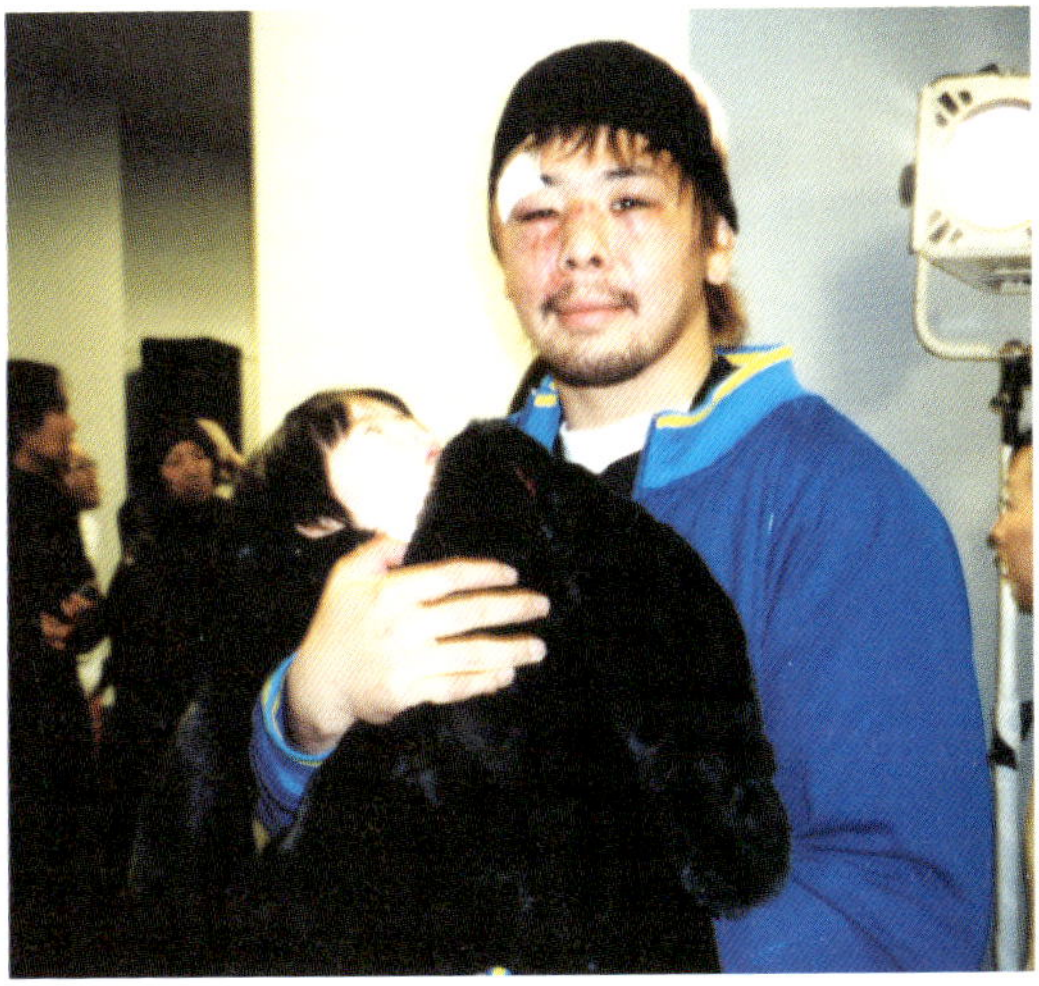

02年大晦日のダニエル・グレイシー戦後、会場で行なわれた打ち上げで、
応援に来ていた姪っ子を抱きかかえて。顔に激闘のあとがうかがえる。

現在はUFCで活躍するリョート・マチダとのスパーリング。「これはrAwチームでの練習風景ですね。
おそらくノルキヤ戦（03年5月2日）の前だと思います」

ノルキヤ戦の前、アメリカの総合格闘技の会場で。
元WCW世界ヘビー級王者の大物、ビル・ゴールドバーグと遭遇。

『G1』初出場となった03年8月10日、開幕戦での入場式。
この日は柴田勝頼からシャイニング・トライアングルでレフェリーストップ勝ちを収めた。

03年10月、真猪木軍vs新日本正規軍の勝利後。デビュー1年弱にして堂々たる風格。
メンバーから「新日本にはもったいない」と、その活躍を称えられる。

03年9月、ブラジルのファベーラにて。「物騒だってことで、
タクシーの運転手にはいい顔されなかったんですけど、そこまで危険は感じなかったですね」。

ブラジルでは柔術界のビッグネーム、ヒカルド・デラヒーバの道場にも出稽古へ。
「せっかくブラジルに来たならと思って、一人残って足を運びました」。

03年12月、23歳9カ月という若さでIWGPヘビー級王座を奪取。
この最年少戴冠記録はいまだに破られていない(2位はオカダ・カズチカの24歳3カ月)。

04年1月、第36回内閣総理大臣杯『日本プロスポーツ大賞授賞式』で、
03年の活躍が評価されて新人賞を受賞。ちなみに大賞受賞者は野球の松井秀喜。

04年5月イグナショフとの再戦後、新日本プロレスのタオルを掲げて快心の勝利をアピール。